中西文化之旅系列丛书

中国民俗十讲

蔡郎与　杨　燕　编著

西南交通大学出版社
·成都·

图书在版编目（CIP）数据

中国民俗十讲 / 蔡郎与，杨燕编著. —成都：西南交通大学出版社，2013.9（2022.8 重印）
ISBN 978-7-5643-2595-4

Ⅰ. ①中… Ⅱ. ①蔡… ②杨… Ⅲ. ①风俗习惯 – 中国 – 高等学校 – 教材 Ⅳ. ①K892

中国版本图书馆 CIP 数据核字（2013）第 196618 号

中国民俗十讲

蔡郎与　杨　燕　编著

责任编辑	杨岳峰
助理编辑	吴明建
封面设计	何东琳设计工作室
出版发行	西南交通大学出版社 （四川省成都市二环路北一段 111 号 西南交通大学创新大厦 21 楼）
发行部电话	028-87600564　028-87600533
邮政编码	610031
网　　址	http: //www.xnjdcbs.com
印　　刷	成都蜀通印务有限责任公司
成品尺寸	170 mm × 230 mm
印　　张	11.75
字　　数	211 千字
版　　次	2013 年 9 月第 1 版
印　　次	2022 年 8 月第 11 次
书　　号	ISBN 978-7-5643-2595-4
定　　价	32.00 元

图书如有印装质量问题　本社负责退换

前　言

俗话说："十里不同风，百里不同俗。"举凡节日喜庆、衣食住行、婚丧嫁娶、民间信仰……中华大地多姿多彩的民俗风情总能打动我们的心灵，给我们以巨大的惊喜。藏羌的碉楼，土家的吊脚楼，总让我们惊叹；摩梭人的走婚，彝族充满喜剧色彩的抢婚，总给我们留下美妙的遐想；女儿节、歌仙节、保保节……总能点燃我们的激情；还有各地各民族那可口的菜肴，醇香的美酒，怡然自得的茶馆，韵味十足的戏曲，闻所未闻的游艺，叹为观止的手工艺……它们流传在老人们的记忆中，存活在孩子们童年的嬉戏中，反映在每个人日常的生活中，体现着一个民族的前世、今生和未来……这些都是我们中华民族文化的精髓。

《中国民俗十讲》可供大学生、中小学生以及热爱民俗文化者学习中国民俗文化。在内容的编排上，本书分为十个专题：饮食习俗专题、服饰习俗专题、民居习俗专题、节日习俗专题、人生礼俗专题、民间信仰专题、游艺习俗专题、手工艺习俗专题、民间戏曲专题、民间文学专题。我们力求以生动的语言、精美的图片、丰富的人文内涵，为读者展开一幅幅生动的民俗画卷，系统讲述中国民俗文化知识。在介绍各类民俗事物时，本书既关照历史，又把重点放在具有独特性、唯一性，具有地方特色和民族特色的民俗事物的描述上，一改过去类似教材枯燥乏味的叙述方式，避免艰深难懂，追求好读易懂，让读者领略中国民俗文化的魅力。

限于编写时间的紧迫及阅历、认识的肤浅，尽管编写者都很用心，但难免有缺失之处，希望读者和专家们不吝赐教。在编写过程中，我们也参考了很多书籍，如《民俗学概论》《中国民俗文化》等著作；为满足教学需要，书中使用了一些反映各族民俗的图片，未能一一注明来源。在这里我们也一并表示感谢！

参与本书编写的有李建峰（饮食习俗、民间信仰），刘玮（服饰习俗、节日习俗），周丹（民居习俗），蔡郎与（人生礼俗），蔡丽萍（游艺习俗），杨燕（手工艺习俗），杨骊（民间戏曲），黄宪（民间文学）。全书由蔡郎与，杨燕统稿，毛建华审订。

编　者

2012 年 12 月

目　录

第一讲
饮食习俗

饮食习俗是指人们从古至今在饮食品的生产与消费过程中形成的行为传承和风尚。传统中国以农立国，经过漫长的历史演变，形成了颇具特色的饮食习俗。就烹饪的手法来讲，就有炒、爆、炸、烹、熘、烧、炖等上百种；就美感而言，注意食物的色、香、味、形、器的协调一致，使其达到色、香、味、形、美的和谐统一，给人以精神和物质高度统一的享受。这时，饮食不再单单是为了解决生存的问题，而更多地浸润了精神层面的内涵。

饮食取字面意义，就包含了“食物”与“饮料”两方面的内容，因此本讲分别对这两方面内容进行阐述。

在食物上，我国幅员辽阔，各地自然条件不一，形成了南米北面、八大菜系等具有区域特色的饮食习惯。

茶与酒，作为中国“饮”中最主要的两种，不仅名品多，影响大，而且还具有精神文化价值。作为一种精神文化，它们体现在社会政治生活、文学艺术乃至中国人的人生态度、审美情趣等诸多方面。从这个意义上讲，饮茶、饮酒不是为饮而饮，而是在饮文化。

第一节 地域风情谈食俗

《礼记》中说，“夫礼之初，始诸饮食”。中国人民历来把“食”看成是生活中的一个重心，对待“食”这个问题，富有智慧，且独具中国文化特色。

一、主食习俗：南米北面，区域特色

我国幅员辽阔，各地自然条件不一，种植的作物区别也很明显。在南方，降水量充足，耕地多以水田为主，多种植水稻；而北方耕地多为旱地，适合喜干耐寒的小麦生长。因此，就形成了南米北面的主食习惯，而稻米与麦子就构成南北主食不同的原料。

图 1.1 山西刀削面

（http://tieba.baidu.com/p/1419963096?fr=image tieba）

在广阔的北方，麦子制成的面粉，可以做出多种面食产品，如面条、馒头、拉条子、麻什、烧饼、饺子、包子等。要说面食之最，当数山西。山西面食文化传统，既独树一帜，又博采众长，故海内外早有“世界面食在中国，中国面食在山西”的说法，单就种类来说，就有刀削面、拉面、揪片面、推窝窝等，达到了一面百样，一面百味的境界。在“馒头界”，山东的“戗面馒头”很有特色。所谓“戗面”，就是做馒头时，在已揉好的面团里再揉进一些干面粉，大概是原面粉总量的30%～40%，让其吸收一部分原面团里的水分，这种馒头蒸好出笼后很漂亮，个头儿大、色泽洁白、表皮亮泽，入口后耐嚼，十分香甜。风行于全国的“兰州牛肉拉面”，已有数百年的历史，以其“一清（汤）、二白（萝卜）、三绿（香菜蒜苗）、四红（辣子）、五黄（面条黄亮）”的独特风味而享誉天下。古城西安的羊肉泡馍，讲究工艺，烹制精细，火候到家，肉烂汤浓，料重味醇，馍筋光润，绵韧适口，且具有食疗滋补作用。

南方各地，以米饭、米糕、米粥、米线等稻米制品为主食。相比“北面”，“南米”则花样较少，因为南方饮食注重“菜肴”。相对而言，云南的过桥米线、桂林的米粉比较出名。云南过桥米线源自滇南蒙自，以其用料考究，制作精良，吃法独特，独具风味而闻名中外。桂林米粉洁白、细嫩、软滑、爽口，讲究卤水的制作，卤水的用料和做法不同，米粉的风味也不同。大致有生菜粉、牛腩粉、三鲜粉、原汤粉、卤菜粉、酸辣粉、马肉米粉、担子米粉等。

图1.2 云南过桥米线

（http：//qcyn.sina.com.cn/travel/jqy/2010/0522/11530242.html）

二、菜肴口味：八大菜系，四大口味

菜肴是食俗里的重要组成部分，在一定区域内，由于气候、地理、历史、物产及饮食风俗的不同，经过漫长的历史演变而形成了一整套自成体系的烹饪技艺和风味。通常来说，社会公认的并具有代表性的是鲁、川、苏、粤、闽、浙、湘、徽菜，称为八大菜系。

鲁菜的形成和发展与山东地区的文化历史、地理环境、经济条件等因素有关，而且长期以来，鲁菜被奉为宫廷菜。在原料上，鲁菜多选畜禽、海产、蔬菜，善用爆、熘、扒、烤、锅、拔丝、蜜汁等烹调方法，偏重于酱、葱、蒜调味，善用清汤、奶汤增鲜，口味咸鲜。由于鲁菜对其他菜系的形成有重要影响，所以，鲁菜也就被列为八大菜系之首。

川菜是中国最有特色的菜系。川菜风味包括重庆、成都和乐山、内江、自贡等地方菜的特色。主要特点在于味型多样。辣椒、胡椒、花椒、豆瓣酱等是主要调味品，不同的配比，化出了麻辣、酸辣、椒麻、麻酱、蒜泥、芥末、红油、糖醋、鱼香、怪味等多种味型，无不厚实醇浓，具有“一菜一格”“百菜百味”的特殊风味，各式菜点无不脍炙人口。

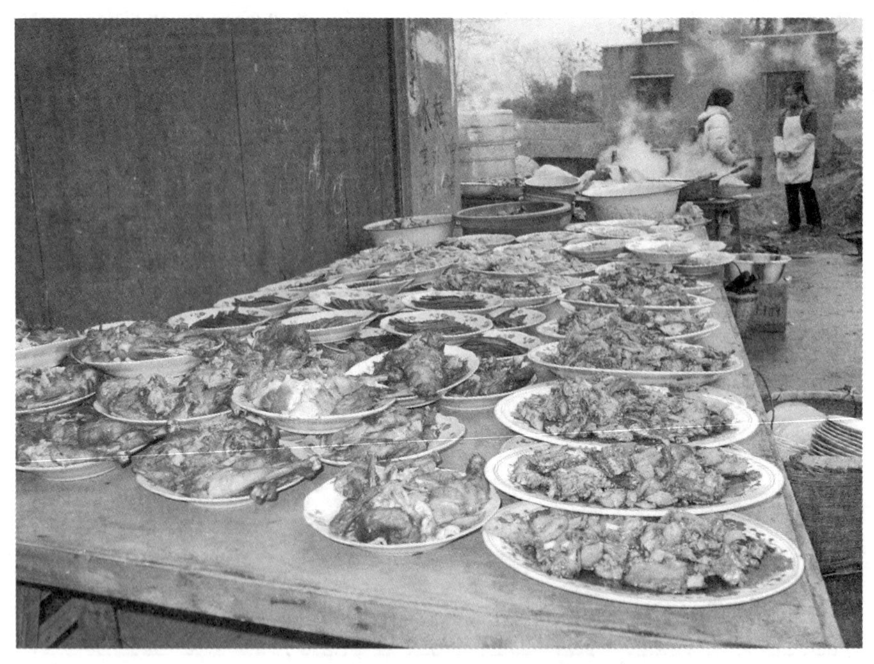

图 1.3 四川办田席（毛建华摄）

粤菜即广东菜，由广府、客家、潮汕三种风味组成，在中国大部分地区都有粤菜馆。在海外的中菜馆大部分以粤菜为主。粤菜用料广博，选料珍奇，配料精巧，善于在模仿中创新，依食客喜好而烹制。烹调技艺多样善变，以炒、爆为主，兼有烩、煎、烤，讲究清而不淡，鲜而不俗，嫩而不生，油而不腻，有“五滋”（香、松、软、肥、浓）、“六味”（酸、甜、苦、辣、咸、鲜）之说。粤菜著名的菜点有：鸡烩蛇、龙虎斗、烤乳猪、太爷鸡、盐焗鸡、白灼虾、白斩鸡、烧鹅、蛇油牛肉等。

由于各地地理环境、气候等存在差异，口味上也就不同。一般说来，中国北方寒冷，菜肴以浓厚，咸味为主；华东地区气候温和，菜肴则以甜味和咸味为主；西南地区多雨潮湿，菜肴多用麻辣浓味。具体来说，主要有巴蜀、齐鲁、淮扬、粤闽四大风味。一首“口味歌”可以笼统地概括这细微的区别：

安徽甜，河北盐，福建浙江盐又甜。
宁夏河南陕青甘，又辣又甜外加盐。
山西醋，山东盐，东北三省咸带酸。
黔赣两湖辣子蒜，又麻又辣数四川。
广东鲜，江苏淡，少数民族不一般。
因人而异多实践，巧调能和百人愿。

三、饮食制作：讲究美感，情调优雅

中国被誉为“烹饪王国”，就烹调技法来说，常用的技法有：炒、爆、炸、烹、熘、煎、贴、烩、扒、烧、炖、焖、氽、煮、酱、卤、蒸、烤、拌、炝、熏，以及甜菜的拔丝、蜜汁、挂霜等。对于火候的把握，简直是中国独有的一门绝技，掌握适当火候，可以使烹制出来的菜肴，要嫩就嫩，要酥就酥，要烂就烂。对于菜品的讲究，特别注重美感，讲究色、香、味、形、美的和谐统一，给人以精神和物质高度统一的特殊享受。在菜品的命名上，中国菜特别强调情趣，吉祥文化渗透到了饮食习俗的各个方面。菜肴名称可以说出神入化、雅俗共赏，既有根据主、辅、调料及烹调方法的写实命名，也有根据历史掌故、神话传说、名人食趣、菜肴形象来命名的，如“全家福”“将军过桥”“狮子头”“四喜吉庆”“龙凤呈祥”“龙穿凤翅”等，不一而足。

四、饮食方式：家庭聚食，注重礼仪

在饮食方式上，中国人也有自己的特点，这就是聚食制。聚食制的起源很早，从许多地下文化遗存的发掘中可见，古代炊间和聚食的地方是统一的，炊间在住宅的中央，上有天窗出烟，下有篝，在火上做炊，就食者围火聚食。这种聚食古俗，一直传至后世。聚食制的长期流传，是中国重视血缘亲属关系和家族家庭观念在饮食方式上的反映。

就餐礼仪方面，中国人就餐时十分尊敬长辈，长者应坐于上位或主位，由长者点菜，上菜应先置于长者面前，每道菜应由长者先动筷子。长者说话时其余的人均应放下筷子以示尊重。吃面条和喝粥不能发出声音，咀嚼时不能说话，不能因为好吃便一直夹一道菜等，认为这样做是缺乏教养的表现。

中国人好客，如果宾客到访，一定要让客人吃好。黑龙江人以热情豪爽待客而闻名中外，待客吃饭时，必让客人坐在热炕头上，然后温酒。酒必先上，菜必双数。或 4 个菜，或 6 个菜、8 个菜，绝不可摆 3 个菜、5 个菜或 7 个菜。因为按其习惯，只有死去父母时，招待送葬人的丧葬席，才上奇数道菜。上菜时，一般是先凉后热，先大件（鸡、鱼等菜），后一般，先熘炒后煎炸，先咸后淡，先菜后汤，最后一道菜，严禁上丸子。人们认为，上丸子有“滚蛋”意。客人要走时，主人必再三挽留，并说“招待不周”或“下次再来串门”之类客气话。

五、节日食俗：丰富多彩，喜气洋洋

我国民间传统节日颇多，其中以“春节”“清明节”“端午节”“中秋节”“重阳节”“冬至节”为代表。这些节日大多与农事活动有关系。在每个节日活动中，几乎都有祭祀神佛、祭祀祖先、除旧迎新、纳福消灾以及祈求丰收或者庆贺等内容。

节日的食物，大致可分为两类：第一是用作祭祀的供品，第二是供人们在节日食用的特定的食物制品，这是节日食品和食俗的主流。汉族的各个岁时节庆日从年初开始直到年终，每个节日差不多都有相应的特殊食品和习俗。例如春节除夕，北方家家户户都有包饺子的习惯，寓含着亲人团聚、阖家安康的意义和祝愿；而江南各地则盛行打年糕、吃年糕的习俗，寓含着家庭和每个人的生活步步升“高”（糕）的良好祝愿。另外，许多地区过年的家宴中往往少不了鱼，象征“年年有余”。端午节吃粽子的习俗，被赋予深厚的文化意义，它把深切怀念诗人屈原的爱国主义精神和浓重的乡土感情结合起来，千百年来传承不衰。端午节的雄黄酒则将保健效用和信仰心理作用结合为一体，成为既驱虫又避邪的吉祥饮品。中秋节的月饼，与自然天象的圆月相对应，寓含了对人间亲族团圆和人事和谐的祝福，月饼既成为自然景象的象征物，又被赋予了浓重的文化意义。其他还有开春时食用春饼、春卷，正月十五吃元宵，农历十二月初八吃腊八粥，寒食节冷食，农历二月二日吃猪头、咬蚕豆，尝新节吃新谷。它们不仅是满足人的生理需要，更重要的是满足人在一定的自然时令节候、社会场合和人生阶段等特殊环境中的心理和文化需要。

六、民族食俗：独具特色，风味别具

我国民族众多，各民族饮食风俗独具特色，但总体来说，每一个民族的饮食习俗，都与当地的地理环境、气候、物产以及宗教信仰、社会历史等因素有一定的关系。

居住于我国西北地区的回族以及维吾尔、哈萨克、东乡、柯尔克孜、撒拉、塔吉克、乌孜别克、保安、塔塔尔等民族信仰伊斯兰教，其饮食习惯表现出浓郁的清真风味。禁食猪、马、驴、骡、狗和一切自死动物、动物血，禁食一切形象丑恶的飞禽走兽，无论牛、羊、骆驼及鸡、鸭，都要经阿訇或做礼拜的人念安拉之名后屠宰，否则不能食用。常食的主食有馕、羊肉抓饭、包子、面条等，烤羊肉串、烤全羊等菜品颇具地方特色。维吾尔族人吃饭时，在地毯或毡子上铺“饭单”，饭单多用维吾尔族的木模彩色印花布制作。长者坐在长席，全家共席而坐，饭前饭后必须洗手，洗后只能用手帕或布擦干，忌讳顺手甩水。吃完饭后，由长者作祷告。新疆馕饼与新疆大盘鸡近年来受到全国各地人民的喜爱。

华北、东北地区居住着蒙古族、满族、朝鲜族、达斡尔族、鄂温克族、鄂伦春族、赫哲族等。这一地区的少数民族，农牧业发达，习惯吃牛羊肉和各种奶制品，饮奶茶。被称为“马背民族”的蒙古族，每餐都离不开奶与肉。以奶为原料制成的食品，蒙古语称“查干伊得”，意为圣洁、纯净的食品，即“白食”；以肉类为原料制成的食品，蒙古语称“乌兰伊得”，意为“红食”。全羊席是蒙古族招待贵宾的传统佳肴，是蒙古民族最古老、最隆重的一种宴席，一般只在盛大宴会、隆重集会、举行婚礼或接待高级贵宾时摆设。将整羊加工后摆在长方形的大木盘里，像一只卧着的活羊，肉味鲜美，香飘满堂，浓郁扑鼻。宾客在进餐前，还要举行一定的仪式，高唱赞歌，朗诵献整羊的祝词等。

西南地区是我国民族大聚居的地方。藏族人民以糌粑为主食，食用时，要拌上浓茶或奶茶、酥油、奶渣、糖等一起食用。彝族以杂粮面、米为主食，早餐多为疙瘩饭，午餐以粑粑作主食，备有酒菜，晚餐也多做疙瘩饭，一菜一汤，配以咸菜。农忙或盖房请人帮忙，晚餐也加酒、肉、煮豆腐、炒盐豆等菜肴。肉食以猪、羊、牛肉为主，主要制成“坨坨肉”、牛汤锅、羊汤锅，或烤羊、烤小猪。

蔬菜除鲜食外，大部分都要做成酸菜。彝族日常饮料有酒有茶，以酒待客，民间有“汉人贵茶，彝人贵酒”之说。布依族过去有闲时食二餐，农忙时食三餐的习惯。每日主食多以大米为主，普遍喜食糯米。传统小吃很多，尤其是居住在云南的布依族，善做米线、饵块、豌豆粉、米凉糕等。傣族大多有日食两餐的习惯，以大米和糯米为主食，通常是现舂现吃，习惯用手捏饭吃，外出劳动者常在野外就餐，用芭蕉叶或笔筒饭盒盛一团糯米饭，随带盐巴、辣子、酸肉、烧鸡、酱、青苔松等佐食。傣族过去普遍信仰小乘佛教，重要节日有泼水节、关门节、开门节等。每年傣历六月举行的泼水节是最盛大的节日，届时要赕佛，并大摆筵席，宴请僧侣和亲朋好友。

图 1.4 彝族坨坨肉（毛建华摄）

第二节 清香话茗品茶俗

一、茶之传承：南方嘉木，源自中国

1823 年，一支英国侵略军的少校在印度发现了野生大茶树。据此，国外一些学者认为茶的发源地在印度。然而考证印度历史，从中并未发现有种茶、制茶、饮茶的记载。这里就出现了一个基本的逻辑错误，包括茶树植物在内的其他植物是一直都存在的，甚至比人类的历史都要长，不能说哪里有茶树，哪里就是制茶、饮茶的发源地。人类制茶、饮茶的最早记录都在中国，最早的茶叶成品实物也在中国。茶是中华民族的举国之饮，发于神农，闻于鲁周公，始于唐朝，兴于宋代，中国茶文化糅合了中国佛、儒、道诸派思想，独成一体，是中国文化中的一朵奇葩！

我国制茶饮茶已有数千年的历史，到了秦汉时期，茶叶的简单加工已经开始出现。鲜叶用木棒捣成饼状茶团，再晒干或烘干以存放，饮用时，先将茶团捣碎放入壶中，注入开水并加上葱姜调味。此时茶叶不仅是日常生活之解毒药品，且成为待客之食品。

隋唐时，茶叶多加工成饼茶。饮用时，加调味品烹煮汤饮。随着茶事的兴旺，贡茶的出现加速了茶叶栽培和加工技术的发展，涌现了许多名茶，品饮之法也有较大的改进。尤其到了唐代，饮茶蔚然成风，饮茶方式有较大之进步。此时，为改善茶叶苦涩味，开始加入薄荷、盐、红枣调味。此外，已使用专门烹茶器具，论茶之专著已出现。陆羽《茶经》三篇，备言茶事，更对茶之饮之煮有详细的论述。

在宋代，制茶方法的改变给饮茶方式带来了深远的影响。宋初茶叶多制成团茶、饼茶，饮用时碾碎。随着茶品的日益丰富与品茶的日益考究，逐渐重视茶叶原有的色香味，调味品逐渐减少。同时，出现了用蒸青法制成的散茶，且不断增多，茶类生产由团饼为主趋向以散茶为主。此时烹饮手续逐渐简化，传统的烹饮习惯，正是由宋代开始而至明清，出现了巨大变更。

明代后，由于制茶工艺的革新，团茶、饼茶已较多改为散茶，烹茶方法由原来的煎煮为主逐渐向冲泡为主发展。茶叶冲以开水，然后细品缓啜，清正、袭人的茶香，甘洌、酽醇的茶味以及清澈的茶汤，更能使人领略茶天然之色香味品性。

二、百味香茶：炒烘蒸闷，绿红青白黄黑

嫩绿的茶叶，通过多种加工方法，制成我们饮用的茶，根据制造方法不同和品质上的差异，通常将茶叶分为绿茶、红茶、乌龙茶（即青茶）、白茶、黄茶和黑茶六大类，正所谓“叶本一色，炒烘蒸闷成百味”。

绿茶是我国产量最多，花色品种最多，产地范围最广、饮用最为广泛的一类茶。制作工艺上，采取茶树新叶，经杀青、揉捻、干燥等典型工艺制成，不需要发酵。冲泡时，清汤绿叶，沁人心脾。西湖龙井、洞庭碧螺春、黄山毛峰、六安瓜片、信阳毛尖、蒙顶甘露为其上品，广受欢迎。

红茶加工时不经过杀青，而是首先使其萎凋，使鲜叶失去一部分水分，再揉捻（揉搓成条或切成颗粒），然后经发酵，干燥等典型工艺过程精制而成。因其干茶色泽和冲泡的茶汤以红色为主调，故名红茶。红茶的种类较多，产地也就较广，按照其加工的方法与出品的茶形，一般又可分为三大类：小种红茶、工夫红茶和红碎茶。工夫红茶是中国特有的红茶，如祁门工夫、滇红工夫等。这里的“工夫”两字有双重含义，一是指加工的时候较别种红茶下的工夫更多，二是冲泡的时候要用充裕的时间慢慢品味。红茶的出现，引起了世界上众多茶爱好者的兴趣，曾有一段时间，国外说到中国茶叶时指的就是红茶。

乌龙茶为中国特有的茶类，主要产于福建、台湾、广东三省，属于半发酵茶，是经过杀青、萎凋、摇青、半发酵、烘焙等工序制出的优质茶类。在冲泡时，它既有绿茶的鲜浓，又有红茶的甜醇。因其叶片中间为绿色，叶缘呈红色，故有“绿叶红镶边”之称。安溪铁观音、武夷山大红袍为其珍品。

白茶是我国的特产。它加工时不炒不揉，只将细嫩、叶背满茸毛的茶叶晒干或用文火烘干，而使白色茸毛完整地保留下来。白茶主要产于福建的福鼎、政和、松溪和建阳等县，有“银针”“白牡丹”“贡眉”“寿眉”几种。

黄茶制作工序与绿茶制法相似，特别之处在于，将杀青和揉捻后的茶叶，用闷的方法，用纸包好，或堆积后以湿布盖之，时间以几十分钟或几个小时不等，促使茶坯在水热作用下进行非酶性的自动氧化，形成黄色。分“黄芽茶”（包括湖南洞庭湖君山银芽，四川雅安、名山县的蒙顶黄芽，安徽霍山的霍内芽）、“黄小茶”（包括湖南岳阳的北港毛尖、湖南宁乡的沩山毛尖、浙江平阳的平阳黄汤、湖北远安的鹿苑）、“黄大茶”（包括大叶青、安徽的霍山黄大茶）三类。

黑茶原料粗老，加工时堆积发酵时间较长，使叶色呈暗褐色。是藏、蒙古、维吾尔等兄弟民族不可缺少的日常必需品。有“湖南黑茶”“湖北老青茶”“广西六堡茶”，四川的“西路边茶”“南路边茶”，云南的“紧茶”“扁茶”“方茶”和“圆茶”等品种。

三、名茶美誉：芙蓉沙绿、冠绝华夏

在上千年的饮茶历史中，有一些名贵茶叶一直深受好评。中外各大机构也多次对我国的名茶进行评比，西湖龙井、洞庭碧螺春、安溪铁观音、祁门红茶、蒙顶甘露、君山银针等名茶屡屡上榜。

产于浙江省杭州市西湖周围的群山之中的西湖龙井，其外形挺直削尖、扁平俊秀、光滑匀齐，色泽绿中显黄。冲泡后，香气清高持久，香馥若兰；汤色杏绿，清澈明亮，品饮茶汤，沁人心脾，齿间流芳，回味无穷。

祁门红茶在全球的红茶中，独树一帜，百年不衰，以其高香形秀著称，具有独特的清鲜持久的香味，并蕴藏有兰花香，清高而长，独树一帜，国际市场上称之为“祁门香”。

云南普洱茶亦称滇青茶，原运销集散地在普洱县，故此而得名，是黑茶中的上品。普洱茶是以公认普洱茶区的云南大叶种晒青毛茶为原料，经过发酵加工成的散茶和紧压茶，外形色泽褐红，内质汤色红浓明亮，香气独特陈香，滋味醇厚回甘，叶底褐红。不同于别的茶贵在新，普洱茶贵在“陈”，时间越久，价值越高。

中国历史名茶众多，几乎每个名茶都有一段神奇的传说，细细读来，颇有滋味。

安溪铁观音的传说，融佛教信仰一体。相传，清乾隆年间，安溪西坪上尧茶农魏饮制得一手好茶，他每日晨昏泡茶三杯供奉观音菩萨，十年从不间断。一夜，魏饮梦见在山崖上有一株透发兰花香味的茶树，正想采摘时，一阵狗吠把好梦惊醒。第二天他果然在崖石上发现了一株与梦中一模一样的茶树。于是采下一些芽叶，带回家中，精心制作。制成之后茶味甘醇鲜爽，精神为之一振。魏饮认为这就是茶王，于是把这株茶挖回家进行繁殖。几年之后，茶树长得枝叶茂盛。因为此茶美如观音重如铁，又是观音托梦所获，就叫它“铁观音”。从此，铁观音就名扬天下。

关于碧螺春的传说更富有浪漫色彩。相传在西洞庭山上住着一位名叫碧螺的姑娘，东洞庭山上住着一个名叫阿祥的小伙子，两人心里深深相爱。有一年，太湖中出现一条凶恶残暴的恶龙，扬言要娶碧螺姑娘，阿祥决心与恶龙决一死战。一天晚上，阿祥操起渔叉，潜到西洞庭山同恶龙搏斗，一直斗了七天七夜，双方都筋疲力尽了，阿祥昏倒在血泊中。碧螺姑娘为了报答阿祥救命之恩，亲自照料。可是阿祥的伤势一天天恶化。一天，姑娘来到了阿祥与恶龙搏斗的地方，忽然看到一棵小茶树长得特别好，心想：这可是阿祥与恶龙搏斗的见证，应该把它培育好。至清明前后，小茶树长出了嫩绿的芽叶，碧螺采摘了一把嫩梢，回家泡给阿祥喝。说也奇怪，阿祥喝了这茶，病居然一天天好起来了。阿祥得救了，姑娘心上沉重的石头也落了地。就在两人陶醉在爱情的幸福之中时，碧螺的身体再也支撑不住，倒在了阿祥怀里，再也睁不开双眼了。阿祥悲痛欲绝，就把姑娘埋在洞庭山的茶树旁。从此，他努力培育茶树，采制名茶。“从来佳茗似佳人”，为了纪念碧螺姑娘。人们就把这种名贵茶叶取名为“碧螺春”。

四、茶馆文化：茶人心境，怡然自得

中国最早的茶馆，起源于四川。两晋时期文人张载的《登成都楼》中有“芳茶冠六清，溢味播九区”的句子，描述当时成都茶馆的盛况，这也是对茶馆最早的史料记载。唐朝时期茶馆迅速发展，到宋朝时已十分繁荣，《东京梦华录》描述北宋汴京城的“北山子茶坊内有仙洞、仙桥，仕女往往夜游吃茶于彼。”《梦粱录》也记载了当时杭州“处处有茶坊、酒肆”。茶馆在宋代就是中国人品茶的娱乐场所，到明清之时，品茗之风更盛。社会经济的进一步发展使得市民阶层不断扩大，而作为一种集休闲、饮食、娱乐、交易等功能为一体的多功能大众活动场所，茶馆成了人们的首选，因此，茶馆业得到了极大的发展，形式愈益多样，茶馆功能也愈加丰富。改革开放以后，不仅老茶馆、茶楼重放光彩，各种新型茶园和茶艺馆更如雨后春笋般涌现出来。

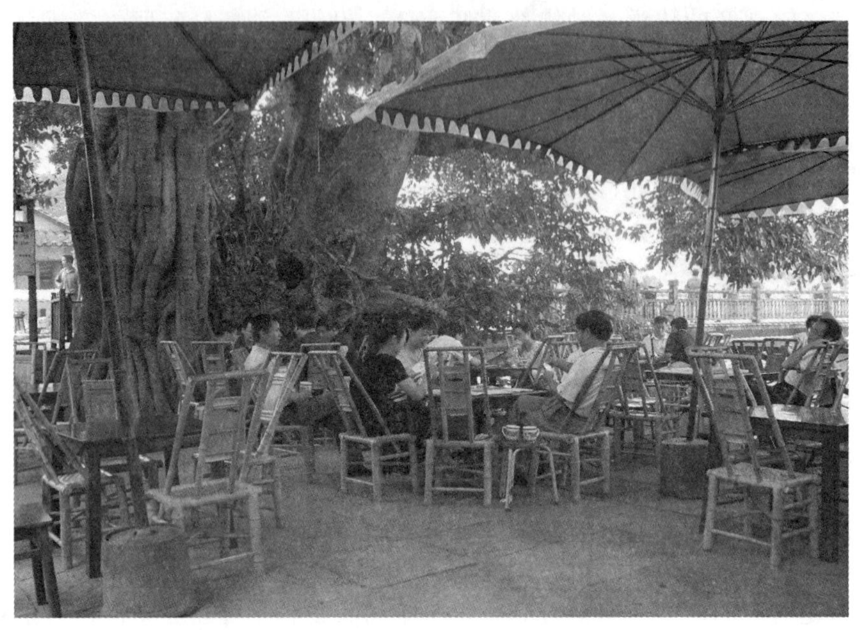

图 1.5　成都平乐古镇茶馆（毛建华摄）

茶馆起源于四川，也兴盛于四川。四川旧时茶馆最多。茶肆栉比，依山傍水。客来随意设座，泡茶一杯。碰上熟人同事，聊天谈心，畅叙家常。四川人称之为“摆龙门阵”。或者背靠竹榻，遥望碧云蓝天，观赏山光水色，别有一番情趣，或者看看川剧、听听评书。城郊茶馆有的设在河边，有的设在树荫下，空气清新、风景优美。棋园茶座是棋艺爱好者切磋棋艺的好地方，它的布置另有一番风味，经常吸引外地客人或港澳台胞前来喝茶、观棋。所以，四川茶馆既是休息的场所，又是聚会、洽谈的地方，具有文化娱乐和社交等多种功能。

在茶馆中欣赏茶艺表演，也是一种至上的享受。茶艺是包括茶叶品评，技法和艺术，操作手段的鉴赏，以及品茗，美好环境的领略等整个品茶过程的美好意境，其过程体现形式和精神的相互统一，是饮茶活动过程中形成的文化现象。它起源久远，历史悠久，文化底蕴深厚，与宗教结缘。茶艺包括：选茗、择水、烹茶技术、茶具艺术、环境的选择创造等一系列内容。茶艺可以分为三类：表演性茶艺、实用性茶艺和宣传性茶艺。现在我们常说的茶艺是表演性茶艺。

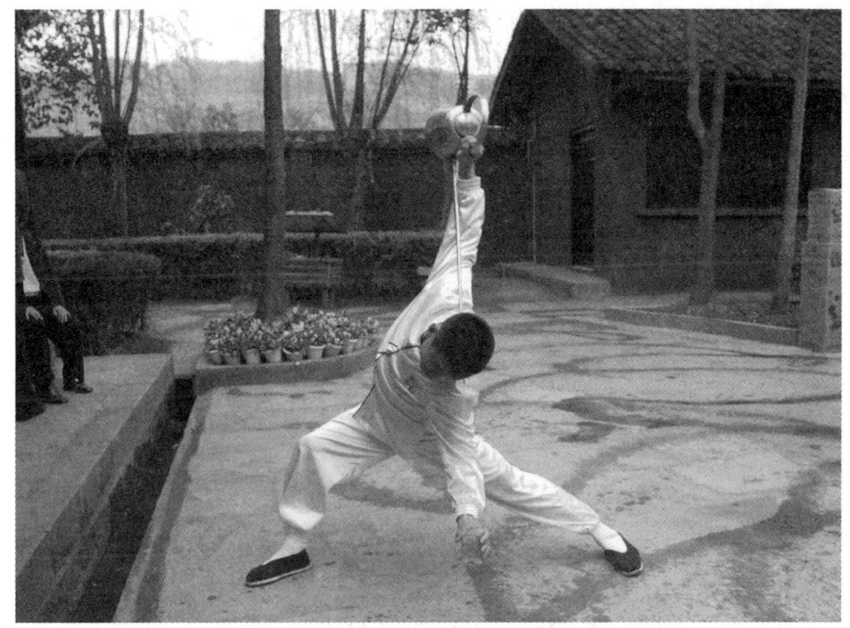

图 1.6 成都茶艺表演（毛建华摄）

五、茶礼茶俗：待客上品，茶到意到

茶在社交和礼仪活动中自古以来占有重要地位，最突出的表现在待客习俗和婚俗当中。

茶礼是我国古代婚礼中一种隆重的礼节，缘于古人对茶树习性的认识。明代陈耀文在《天中记》中说："凡种茶树必下子，移植则不复生，故俗聘妇以茶为礼。"意思就是说，茶树只能从种子萌芽成株，不能移植，因此人们把茶树看作一种坚贞不移的象征。民间男女订婚以茶为礼，女方接受男方聘礼，叫"下茶"或"茶定"，有的叫"受茶"，并有"一家不吃两家茶"的谚语。这种婚姻的礼仪旧时称为"三茶六礼"，多流行于江南汉族地区。"三茶"，就是订婚时的"下茶"，结婚的"定茶"，同房时的"合茶"。东乡族的女方家答应男方家的提亲后，男方要送给女方衣料和几包好茶，算是定了亲，俗称"定茶"，表示决不反悔。

茶在我国的丧葬习俗中，还成为重要的"信物"。在我国湖南地区，旧时盛行棺木葬时，死者的枕头要用茶叶作为填充料，称为"茶叶枕头"。茶叶枕头的枕套用白布制作，呈三角形状，内部用茶叶灌满填充。死者枕茶叶枕头的寓意，一是死者至阴曹地府要喝茶时，可随时"取出泡茶"；一是茶叶放置棺木内，可消除异味。在我国江苏的有些地区，则在死者入殓时，先在棺材底撒上一层茶叶、米粒，至出殡盖棺时再撒上一层茶叶、米粒。

在待客习俗上，“客来敬茶”，这是我国重情好客的传统美德与礼节。直到现在，宾客至家，总要沏上一杯香茗。喜庆活动，也喜用茶点招待。开个茶话会，既简便经济，又典雅庄重。所谓“君子之交淡如水”，也是指清香宜人的茶水。一般在藏族同胞家中，给客人敬茶时，主人为了表示尊重，会用双手把茶碗递给你，等主人递过来客人才喝，没有客人主动端起茶杯先喝的习惯，喝时也是小口喝几下，不能一口喝尽，只用一只手递茶是对客人的不敬重。

第三节　妙趣横生话酒俗

一、酒史：杯小乾坤大，壶中日月长

关于酒的起源，有一种非常有趣的说法是猿猴造酒说。猿猴是十分机敏的动物，有多种典籍记载，猿猴不仅嗜酒，而且在它们的巢穴中，经常有类似“酒”的东西被发现，“香气溢发，闻数百步”。酒是一种由发酵所得的食品，是由一种叫酵母菌的微生物分解糖类产生的。酵母菌是一种分布极其广泛的菌类，在广袤的大自然原野中，尤其在一些含糖分较高的水果中，这种酵母菌更容易繁衍滋长。山林中野生的水果，是猿猴的重要食物。猿猴在水果成熟的季节，收贮大量水果于“石洼中”，堆积的水果受到自然界中酵母菌的作用而发酵，在石洼中将一种被后人称为“酒”的液体析出，因此，猿猴在不自觉中“造”出酒来，是合乎逻辑与情理的。

事实上，关于酒的发明者，传说最多的是仪狄、杜康两人。晋人江统说：“酒之所兴，肇自上皇，或云仪狄，一曰杜康。”仪狄，大禹时代人；杜康，据说就是夏代国王少康。而杜康之名又盛于仪狄，因此，仪狄之名彰而不显。拨开尘封于酒史上的重重迷雾，最早的酒产生于洛阳为中心的河洛地区，则是不争的事实。根据古人的记载，酒的发明也相当偶然。有一次，杜康把剩饭放在空桑之中，日子久了，饭自然发酵，散发出一种芬芳的气味，并流出一种液体，杜康取而饮之，感觉其味甘美。杜康受此启发，发明了酒。

中国制酒源远流长，品种繁多，名酒荟萃，享誉中外。黄酒是世界上最古老的酒类之一，在三千多年前，商周时代，中国人独创酒曲复式发酵法，

开始大量酿制黄酒。宋代，由于炼丹技术的进步，我国首次发明了蒸馏设备和蒸馏法，从此，白酒成为中国人饮用的主要酒类。自从酒出现之后，作为一种物质文化，酒的形态多种多样，其发展历程与经济发展史同步。而酒又不仅是一种食物，它还具有精神文化价值。作为一种精神文化，它体现在社会政治生活、文学艺术乃至人的人生态度、审美情趣等诸多方面。在这个意义上讲，饮酒不是就饮酒而饮酒，也是在饮文化。

中国各时期的酒俗，因为时代不同，有着不同的特点。先秦时期，由于制酒技术较低，产量较低，饮酒一般是贵族的特权。

秦朝经济较为繁荣，酿酒业自然也就兴旺起来。秦汉年间，统治者屡次禁酒，提倡戒酒，以减少五谷的消耗，最终屡禁不止。调和人伦、献谀神灵和祭祀祖先是汉代酒文化基本功能，以乐为本是汉人酒文化的精神内核。秦汉以后，酒文化中“礼”的色彩也愈来愈浓，酒礼严格。两汉时期，饮酒逐渐与各种节日联系起来，形成了独具特色的饮酒日。

魏晋时期，酒禁大开，允许民间自由酿酒，私人自酿自饮的现象相当普遍，酒业市场十分兴盛。这一时期名士饮酒风气极盛，借助于酒，人们抒发着对人生的感悟、对社会的忧思、对历史的慨叹。酒的作用潜入人们的内心深处，从而使酒的文化内涵也随之扩展。

唐宋时期的酒文化是酒与文人墨客大结缘。唐朝诗词的繁荣，对酒文化有着促进作用，酒与诗词、酒与音乐、酒与书法、酒与美术、酒与绘画等，相融相兴，沸沸扬扬。唐代是中国酒文化的高度发达时期，唐代酒文化底蕴深厚，多姿多彩，辉煌璀璨。“酒催诗兴”是唐代酒文化的表现之一，酒催发了诗人的诗兴，从而内化在其诗作里，酒也就从物质层面上升到精神层面，酒文化在唐诗中酝酿充分，品醇味久。唐朝酒肆日益增多，酒文化融入了中国人的日常生活中。

宋朝酒文化是唐朝酒文化的延续和发展，比唐朝的酒文化更丰富，更接近我们现今的酒文化。酒业繁盛、酒店遍布，宋代酒店强调名牌的文化个性。金代北方民族素有豪饮之风，有着浓厚的酒文化底蕴，金代有着烧锅酒文化。而元代出现了烧酒。此外，宋代发明了蒸馏法，从此白酒成为中国人饮用的主要酒类。

明清以来，酒已成为人们生活中不可或缺的饮品，每逢佳节节令，“专用酒”十分流行，如元旦饮椒柏酒、正月十五饮填仓酒、端午饮菖蒲酒、中秋饮桂花酒、重阳饮菊花酒。清代有“酒品之乡，京师为最”之说，当时京城的达官贵人们比较崇尚黄酒，中下层百姓则多喜欢价廉味浓的烧酒。在饮酒的同时，人们还发明了酒令，所有世上的事物、人物、花草鱼虫、诗词歌赋、戏曲小说、时令风俗无不入令，且雅令很多，这又把中国的酒文化从高雅的殿堂推向了通俗的民间，从名人雅士的推崇普及到里巷市井的爱好，把普通的饮酒提升到讲酒品、崇饮器、行酒令、懂饮道的高尚境地。

二、名酒：香分酱清浓，味属甘醇美

新中国成立后，我国对白酒共进行过五次国家级评比，茅台酒、汾酒、泸州老窖在历次国家评酒会上都被评为名酒，五粮液、西凤酒、董酒、古井贡酒其中四次被评为名酒。

茅台是风格最完美的酱香型大曲酒之典型，故“酱香型”又称“茅香型”，其酒质晶亮透明，微有黄色，酱香突出，令人陶醉，香气扑鼻，满口生香。口味幽雅细腻，酒体丰满醇厚，回味悠长，茅香不绝。酿制茅台酒要经过两次加生沙（生粮）、八次发酵、九次蒸馏，生产周期长达八九个月，再陈贮三年以上，勾兑调配，然后再贮存一年，使酒质更加和谐醇香，绵软柔和，方准装瓶出厂，全部生产过程近五年之久。

汾酒文化源远流长，五次蝉联国家名酒称号，是晋商文化的重要一支，与黄河文化一脉相承。早在 1 500 年前的南北朝时期，汾酒就作为宫廷御酒受到北齐武成帝的推崇而一举成名，并被载入廿四史；晚唐大诗人杜牧的千古绝唱“借问酒家何处有？牧童遥指杏花村”使汾酒再度成名；1915 年，汾酒在巴拿马万国博览会上一举荣获甲等金质大奖章，成为酒品至尊。汾酒是我国清香型白酒的典型代表，素以入口绵、落口甜、饮后余香、回味悠长而著称，在国内外享有较高的知名度、美誉度和忠诚度。主要品种有国藏汾酒、青花瓷汾酒、中华汾酒、老白汾酒等。

泸州老窖源远流长，是中国浓香型白酒的发源地，拥有我国建造最早（始建于公元 1573 年）、连续使用时间最长、保护最完整的 1573 年国宝窖池群。酿造工艺是传统的混蒸连续发酵法。蒸馏得酒后，再用“麻坛”贮存一两年，最后通过细致的评尝和勾兑，达到固定的标准，方能出厂，保证了老窖特曲的品质和独特风格。此酒无色透明，窖香浓郁，清洌甘爽，饮后尤香，回味悠长。

用红高粱、糯米、大米、小麦和玉米五种粮食为原料酿造而成的五粮液酒，以“香气悠久，滋味醇厚，进口甘美，入喉净爽，各味谐调，恰到好处”的风格享名世界。酿造时，须用陈曲。用水取自岷江江心，水质清洌优良。发酵窖是陈年老窖，有的窖为明代遗留下来的。发酵期在 70 天以上，并用老熟的陈泥封窖。在分层蒸馏、量窖摘酒、高温量水、低温入窖、滴窖降酸、回酒发酵、双轮底发酵、勾兑调味等一系列工序上，五粮液酒厂都有一套丰富而独到的经验，充分保证了五粮液品质优异，长期稳定，在中外消费者中博得了美名。

图 1.7　泸州老窖原酒洞藏（摄于泸州老窖酒厂　四川省文化厅供稿）

三、酒礼：无酒不成礼，无酒不成俗

酒在民俗活动中扮演着至关重要的角色，诸如岁时节日、人生礼仪、庆功祭奠、奉迎宾客等民俗活动，酒都成为中心物质。

在什么样的节日饮什么的样的酒是有讲究的，四川人一年四季可以说无时不酒。除夕团圆之夜，要喝“团年酒”；正月间亲戚聚会，名为“喝春酒”；栽秧打谷的时候要喝“栽秧酒”“开镰酒”“收镰酒”；端午节为了避邪除疫，要喝“雄黄酒”，八月中秋喝“月华酒”；九月重阳喝“茱萸酒”；金秋时节粮食入仓，还要喝“丰收酒”。

酒为纳采之礼，以酒为陪嫁之物，最典型的就是绍兴“女儿酒”。“女儿酒”是女儿出世后就着手酿制的，贮藏在干燥的地窖中，或埋在泥土之下，也有打入夹墙之内的，直到女儿长大出嫁时，才挖出来请客或做陪嫁之用。在人生礼仪的各阶段，也有不同的酒俗，如“生酒”“满月酒”“寿酒”“定亲酒”“婚酒”等，可以说无论做什么事，无论什么日子，只要立起名目，就要喝上几杯。

在少数民族，也特别注重酒礼。藏族人民大多喜欢饮青稞酒，逢年过节和喜庆时，如果客人来家，则必须敬酒。敬酒时，主人先斟满一碗（或杯），捧献于客前，客双手接过后，必须要先喝三口，但不要喝干，等主人再斟满，这时客人才一口喝干。

羌族几乎家家都自酿“咂酒”，原料是青稞、小麦，酒性比白酒温和，味美醇香，富有营养。喝咂酒时，主人先打开酒坛，注入开水，插上几根竹管，大家围坐在酒坛周围，轮流咂吸，边饮边添水，直至味淡才止，最后连坛中的渣也一并吃掉，所以俗语形容喝咂酒为“连渣带水，一醉二饱”。

蒙古族人民喜欢喝的马奶酒，是把马奶倒进皮囊中，以特制的木棒搅拌，使其变酸发酵成酒。一般敬酒都用酒碗，不喝干是不礼貌的。

在凉山彝族地区有喝“转转酒”的习俗。彝人嗜酒，男女老少皆能饮酒，有“有肉无酒不成席”的说法。他们喝酒时，常先把酒倒进大碗里，你喝一口传给我，我咂一口递给他，大家依次轮流喝着同一碗酒，不分彼此，体现了浓浓的情谊，一般有尊贵的客人到访，都要入乡随俗喝彝人的转转酒，与主人家分享聚会的喜悦。

乡村基：中餐美味与西式快餐时尚文化元素的完美结合

1996 年，在重庆市解放碑商圈出现了一个并不起眼的快餐馆，名字叫乡村鸡。这个快餐店的经营思路模仿着西式快餐文化的代表肯德基，产品也以汉堡、薯条等西式快餐为主，汤、粉、面作为补充。

当西式快餐肯德基、麦当劳入驻中国市场之后，岂止是乡村鸡（即后来的乡村基）一家在模仿。1991 年，上海荣华鸡快餐公司成立，声称：“肯德基开到哪儿，我就开到哪儿!”但 1995 年开始陆续关闭。1995 年，红高粱中式快餐店在郑州二七广场亮相，全面挑战麦当劳，可到了 2000 年 10 月，红高粱公司负债 3 000 多万元，很快全线崩溃。像这样的公司很多，最后都默默离开前景广阔的中国市场。

乡村鸡的负责人李红和其他做快餐公司的负责人一样，雄心勃勃。但是乡村鸡开业后，生意特别冷清，有时一个下午一位就餐者也没有。

西式快餐肯德基也好、麦当劳也好，国人偶尔去吃吃可以，但并不能改变中国人的口味，也改变不了国人对中餐的钟爱。正如四川人爱吃辣，爱吃回锅肉、冷锅鱼、鱼香肉丝，山西人爱吃醋，爱吃面，爱吃大馅饺子一样，那是长期的文化积淀，是慢慢养成的饮食爱好，不会因为吃过肯德基的汉堡、麦当劳的薯条之后，就觉得吃中餐时味同嚼蜡。

但是，以肯德基为代表的快餐店却有着独特优势与文化内涵，它们产品优质、服务良好、卫生清洁、环境舒适，与中国街边的快餐店形成了鲜明的对比，特别是白领阶层与儿童喜欢在这样的环境里就餐。

有着烹饪专业背景的李红，敏锐地发现了国人对中餐的钟爱与西式快餐的时尚品牌形象与就餐环境的不同，于是按中西合璧的思路，带领乡村鸡开始向中式快餐转型。李红找准了方向，逐步引进了宫保鸡丁、泡椒滑鸡、双黄狮子头、金香排骨等中餐菜品。经过一段艰难的摸索，乡村鸡慢慢有了起色。

在乡村鸡的品牌形象建设上，采取了英文缩写字母 CSC，即 Country Style Chicken，店面装修前卫，环境清洁卫生，菜品标准化，上菜速度快捷。在这里，既可以舒适地品尝到中餐的美味，也可以安逸地享受到欢乐的气氛，因此，满足了工薪一族和一般老百姓的需求，于是餐厅慢慢有了发展。

2005 年，禽流感出现，乡村鸡深受影响。乡村鸡定位为经营以鸡类产品为主的餐饮产品，容易给人以品牌单一的感觉。甚至，有外地人曾经以为乡村鸡是个养鸡场。为了规避风险，同时也考虑了品牌发展的需要，李红决定更换乡村鸡的标识，将“鸡”改为“基”，英文缩写字母仍然采用 CSC，但意思却由 Country Style Chicken 变成了 Country Style Cooking，意为乡村原始风味烹饪。同时，为了便于向全国扩张，李红还为乡村基注册了服务、餐饮、商品类的商标，包括服装、鞋、帽、泡菜、调味品等；同时调整 CSC 的经营方针，构建了新型的经营策略，意图把 CSC 打造成品种广、质量好、服务优的现代快餐连锁品牌。

正是基于这样的发展思路，以国人中餐口味为菜品着力点，以西式快餐时尚文化为补充，使得乡村基的市场越做越大。2007 年 11 月 1 日，红杉资本和海纳亚洲一起签约乡村基，共同注资 2 000 万美元（约合人民币 1.5 亿元），欲将乡村基打造成中国中式快餐第一品牌。从此，乡村基以排山倒海的势头席卷全国。如今沃尔玛、北京华联、家乐福、重百、新世纪争相邀请其加入合作，百事可乐与可口可乐为争夺其供货权不惜成本。

2010 年 9 月 28 日，乡村基在纽约证券交易所挂牌上市，成为第一家在美国证券市场上市的中国餐饮企业。2011 年 4 月 20 日，乡村基召开新闻发布会，正式宣布从 5 月起在全国 141 家门店停止销售包括薯条、炸鸡翅、蛋挞类、面食类等 7 款产品，专攻米类产品。李红认为，在乡村基创立之初，因为发展的需要引入了部分西式快餐的元素，如薯条、炸鸡翅等，但是在后来的发展中，逐步发现因为售卖薯条和炸鸡翅等产品，冲淡了其作为米饭类快餐的定位，因此决定从 2011 年 5 月起，在全国乡村基门店全面删除这类产品，日后将把所有精力放在米饭类产品的开发上，专做中国人爱吃的中式快餐。

乡村基的成功之道有很多个理由，有其市场策略的原因，有管理上的得当，有当前多元的社会环境铺垫，有总经理李红的正确领导，当然还有一个就是乡村基成功把中餐的美味与西式快餐的时尚文化元素结合了起来。

思考题：

1. 举例说明中国饮食文化的利弊。
2. 介绍一种你家乡的饮食，并谈谈它所蕴涵的民俗文化。

参考书目

[1] 华国梁，等. 中国饮食文化. 大连：东北财经大学出版社，2002.
[2] 冯玉珠，沈博. 饮食文化概论. 北京：中国纺织出版社，2009.

第二讲
服饰习俗

服饰习俗，即人们对于衣物、鞋帽、装饰形成的风俗习惯。

人生于世间，纵然是“赤条条来去无牵挂”，却不能每日赤裸裸行走。所以，服饰同饮食一样，是人不可或缺的生存需要，服饰的产生使人远离风雨野兽，更加适应生产与生活。服饰习俗贯穿了人的一生，代表着人的不同的社会地位和角色，更是一个民族历史文化变迁的记录。本讲从服饰的起源、种类和禁忌三个方面着手进行阐述。

服饰固然产生于人类遮身蔽体的生存需要，但是在发展的过程中，受到环境、生产方式和文化传统的影响，它形成了复杂的制式和种类。然而无论是何地区是何民族，服饰都由头衣、体衣、足衣、配饰组成，各具特色的服饰构成了多姿多彩的服饰文化，让服饰习俗具有了更复杂的内容：服位有等，先敬衣衫后敬人；道德教化，垂衣裳而治天下。根据各民族文化的不同，服饰习俗在颜色和制式上存在着不同的禁忌，发展至今日，这些禁忌有些已经逐渐淡化，服饰的区别也越来越小，更加简洁大方。

第一节　衣冠古国说起源

一、服饰的产生：遮身蔽体，由简而繁

关于服饰的起源，最早的民俗学理论认为人们是因为羞耻感而发明衣饰，也有人认为服饰源于人的爱美之心，源于装饰需要。但是人类只有首先满足了物质需求，具备了基本的生存条件之后，才能够开始满足例如羞耻感、审美需要等精神需求。作为物质民俗之一的服饰，同人类的许多其他发明一样，产生的初期都必然是因为原始的、功利性的目的，如同房屋的产生让人类远离野兽和风雨，服饰产生的最初原因是为了保护身体，防寒御暑。到了今天，服饰也由最初的遮身蔽体之物经历了种种变化，大致可以分为以下几个阶段。

服饰产生的最初阶段，因为生产力的低下，同时为了满足保护身体的需要，服饰的材料多为就地取材，利用原始采集和狩猎，植物的枝叶、树皮、鸟皮、兽皮都成为制作衣物的材料。屈原《山鬼》中说："若有人兮山之阿，披薜荔兮带女萝。"正是描述了一位以藤萝花草为衣的女神。《后汉书》中也有记载："上古穴居而野处，衣毛而冒皮，未有制度。"在这一阶段，服饰的区别不在于性别与地位，而是根据地区和气候的不同有所区别。

随着生产力的发展，服饰也逐渐脱离了遮身蔽体的阶段，制作材料更加多样化，制作工艺更加复杂，并且逐渐开始追求审美。随着人们掌握葛、麻等加工工艺，植桑养蚕，服饰的质料由最原始的植物纤维发展成为麻、布、丝绸、裘皮等。随着染色技术的发展，人们对于服饰审美的要求也越来越强烈。

服饰中蕴涵的文化意义也逐渐体现出来，服饰的制式、装饰的物品和图案、所用的颜色等包含着更多的社会信息，可以用来区分不同的社会角色，可以表现对人的良好祝愿，也可以用来进行社会教化，服饰在此时已经不单单是保护身体的物品。例如，汉族人的婴儿时期服饰，多有玉锁、银锁等饰物，就是为了把婴孩魂魄锁住，使其顺利成长，免遭恶鬼侵扰；小孩子的"五毒衣"，上面有蛇、蝎、蜈蚣、壁虎、蜘蛛的图案，意味着以毒攻毒，祛除邪祟；历朝的服饰尚色与禁忌都是统治者政治观念的体现等。

二、服饰的发展：天时地利，各有影响

任何民俗事项的形成，都与所处的自然地理环境有密切的关系，服饰民俗也不例外。因为人们居住的地理位置不同，气候也不同，人们制作衣服可以采用的材料、对衣服的需求和更换衣服的频率也有所区别。《礼记·王制篇》中提到："东方曰史，披发文身；南方曰蛮，雕题交趾；西方曰戎，披发衣皮；北方曰狄，衣羽穴居。"正是反映出各地区不同的服饰。热带亚热带地区，由于气候温和，衣饰四季差别不大，制作较为简单。温带及寒带地区，由于气候变化四季分明，需要不同厚度的衣服，因此衣饰四季变化分明，样式变化较多且制作更加复杂。

除了自然地理环境之外，各民族各地区生产生活方式的不同也对服饰的发展造成影响。

生活在东北的赫哲族，在黑龙江、松花江流域地区多以渔猎为生，因此民族服饰中最常见的就是鱼皮制品，包括鱼皮长衫、鱼皮套裤、鱼皮靰鞡、鱼皮围裙、鱼皮腰带等，长衫多用数张熟好的鱼皮缝成大张，再进行剪裁缝制。而同样生活在东北的鄂温克族，多从事猎鹿和养鹿的生产活动，所以他们的民族服装多以鹿皮为材料，鹿角纹也是十分常见的纹饰。又如维吾尔族和哈萨克族的民族服饰中，都有一种称作"朵帕"的帽子，二者形制基本相同，但花纹有所区别，维吾尔族的"朵帕"花纹多与游牧生活相关，后者则多与农耕生活相关，这正是与两个民族生产生活方式不同息息相关的。

当然，不同地区或者不同民族的文化传统对于服饰发展的影响也不容忽视。服饰中往往能够体现出一个民族丰富的文化内涵或是历史。如羌族的"云云鞋"，鞋帮以五彩线绣云纹，关于"云云鞋"的来历，有这样一个传说：相传远古时候，有一支羌人迁徙至岷江、涪江上游，也就是现今羌族的聚居地时，遭到当地戈基人的攻击。羌人屡战屡败，便登云云鞋驾云撤离，后羌族人在神明启示下，终于打败了戈基人，才定居下来。这实际上是对羌人的历史某个部分的传承与记载。广西"白裤瑶"的服饰也是如此，相传有个凶恶的土司要占据瑶人居住的地方，瑶人进行了英勇的抵抗，但最终失败了，头领也受了重伤。逃亡时，头领将受伤的两手扶在膝盖处前行，在裤子上留下了红红的五指血印。为了纪念头领，这一支瑶人将男子裤子改为白色，膝盖处有 5 条白色花纹，所以被称为"白裤瑶"。而女子服饰上衣背部有一正方形图案，上绣回形纹等纹饰，是为了纪念被土司夺走的瑶王印信。

第二节　华服美饰讲民俗

一、服饰的种类：衣冠鞋履，四方不同

服饰按照不同的分类方式，可以分为不同的种类。按照穿着者来分，可以分为儿童服饰和成人服饰、男装和女装；按照穿着场合来分，可以分为礼服和常服；按照民族来说，每个民族又有自己独特的民族服装。但是无论何种分类方法，每种民族服饰都由这四部分构成：头衣、体衣、足衣、配饰。

（一）头　衣

头衣，指护顶的衣物，即今天我们所说的帽子，又称“元衣”。头衣种类繁多。其作用除了覆盖保护头部外，还有更深层的文化意义。

例如蜀中小儿的“猪头帽”。四川农村地区在孩子出生后，往往会给孩子带上猪头帽，即在童帽上做猪头造型，猪有头有尾，眼耳口鼻皆以彩线绣成，精美别致，这是希望孩子像小猪一样好养，身体健康。与此类似的还有“虎头帽”，借老虎威力保佑孩子健康成长；“五毒帽”，通过帽上图案表达以毒攻毒，让孩子远离邪祟等，都是长辈对孩子的良好祝愿。

除了求吉作用外，头衣还能区分人的身份和社会地位。中国古代传统汉族服饰中，贵族带冠、弁、冕，《礼记·士冠礼》中“令月吉日始加元服”，就是在说士族男子的成年礼——冠礼，即在男子二十岁时，束发加冠，意味着成人。弁，形状类似于瓜皮帽，有爵弁、皮弁之分，爵弁为文官所戴，皮弁为武将所戴。冕则一般为帝王所用。至于常人头衣，一般为帻、角巾、幞头等。这些后来都被帽子取代了。

少数民族地区的头衣则更为丰富多彩，有头帕、帽子等形制，其区分作用也十分明显。比如凉山彝族的“英雄结”，即成年男子以青蓝色头帕缠头，以头帕一段缠裹成锥结形式，置于前额的左边或者右边。但是年轻人与老年人的英雄

图 2.1　彝族的“英雄结”

结缠法又有不同，年轻人缠英雄结要以一小棍为轴心，细长坚挺；老年人则不用小棍，直接缠裹，往往呈螺旋状。新疆柯尔克孜族的白毡帽，则是儿童的帽边绣山水花草，缀大红璎珞；未婚青年帽子绣红花，帽顶以金线束红璎珞为装饰；中年人帽子绣黑、蓝色素花；老年人帽子不绣花，不加其他装饰。

（二）体 衣

无论何种民族服饰，体衣的制式均可分为“上衣下裳”和“衣裳相连”两种。

衣为上衣，有长短之分，由衣领、衣襟、衣袖、腰带、后襟构成；裳为下衣，分为裙子和裤子；衣裳相连则是将上衣下衣连为一体，古代称为“深衣”，后发展为袍子。各民族虽体衣制式相同，但各具特色。

1. 汉族体衣

汉族古代服饰经历了漫长的发展阶段，随着朝代更替而不断变化。春秋之际深衣广泛流行，并且由于少数民族的影响，短衣长裤的胡服开始出现。汉代衣服为上穿深衣，下穿“绔”，即前后无裆的裤子。东汉时，上层的袍服穿着转为制度化，以袍为贵。魏晋南北朝时期，一方面少数民族入主中原，胡服中紧身、窄袖、圆领、开衩等式样逐渐被吸收到汉服中；另一方面，由于士大夫阶级流行服用“五石散”，无法着紧身衣衫，只能宽袍大袖、任意而为。隋唐时，人们的衣着以男子着圆领袍，女子上衫下裙的形式为主。在这个时期，服饰的等级制度被很好地完善，唐高祖李渊于武德七年（公元 624 年）发布“武德令”，令中规定：天子可享 14 式冕服，皇后可享 3 式礼服，皇太子可享 6 式冕服，群臣合享 22 式冠服。科举制度建立后，一品到九品的官职体系确定，相关的衣规服制体系也确定了下来，品色制度出现。宋代服饰大体沿袭唐制，比之唐代更加质朴简化，男子多着圆领袍，女子上身多着袄、襦、衫、褙子、半臂，下身束裙、裤。元代衣料发生了极大变化，元代之前衣服多以丝、麻、皮毛为主，元代之后，由于棉花生产及纺织技术的提高，棉布成为衣服的主要原料。明代也是沿袭唐制，官员着圆领袍，胸前饰以区分品级的补子，儒生穿直裰，是一种黑边蓝袍。清朝建立后，男子剃发易服，穿马褂长袍，女子仍从明制。到清末时，西式服装传入，中山装逐渐流行，汉族服饰也脱离了之前的制式。

2. 藏族体衣

藏族分布在西藏自治区和甘肃、青海、四川、云南等处，藏族服饰的整体特点是：肥腰、长袖、大襟、右衽，男子穿立领右衽衫，外穿宽大至膝的长袍。女子穿免襟或右衽上衣，外穿长袍。但是由于藏族所在地区地域宽广，自然环境、生活方式都有着极大的不同，藏族服饰也分为很多的种类，按照方言划分区域来说，有这三个大的类型：藏卫型（拉萨、工布、日喀则、阿里等地）、康巴型（稻城、昌都、马尔康、木里、迪庆等地）、安多哇（青海东南部、若尔盖、白马等地），每一个区域中的服饰又分很多小的类型式样，有些地区甚至县乡之间服饰都有细微差别。

男装方面，藏北及青海一带多流行“察”，即提花皮面袍；牧区牧民则穿素皮面袍，即以普通皮袍镶上宽大的黑边；山南地区穿花领袍，以白氆氇制成，领上镶十字交叉的“加珞”图案；昌都和四川等地的男装，则多以黑、蓝、青等色的氆氇或麻布等布料制成藏袍。

与男装相比，藏族女装的差别则更多更明显，主要体现在袍面装饰上。藏北女袍多用黑、红、绿、紫等宽大色条并排装饰于袍面，一般有五至七条。青海藏族地区女袍多用红、黑色带或者豹皮做装饰，有些女装自腰之下都布满了红缎。四川白马地区藏族女装上衣袖上后肩加红、黄、蓝、白条饰，下衣为裙，裙前系白色围裙，衣领宽大，内穿抹胸。甘南卓尼藏族妇女上衣为黑色半袖外套，着红色兜肚，腰缠彩带，腿扎白布裹腿。工布地区则男女均穿“谷休”，即宽肩无袖袍，等等。

图 2.2 白马藏族服饰

3. 蒙古族体衣

蒙古族民族服饰为“蒙古袍”，无论男女老幼，一年四季都喜着长袍。蒙古袍的款式因地区不同略有差别，但是都体现在细微的地方，集中在开衩、袖口、下摆及装饰部分。有些地区，例如察哈尔地区的蒙古袍胯部向下开衩，有些地区，例如乌珠穆沁地区的蒙古袍不开衩；也有部分地区的蒙古袍袖口有马蹄袖和非马蹄袖之分。但总体来说，都是右衽的布袍或者皮袍。

蒙古袍的颜色艳丽，男子多为蓝色、棕色，女子多用红色、绿色、浅蓝、粉色，新年时多穿白色蒙古袍，寓意纯洁吉祥。除了已婚妇女外，男女都以色彩鲜艳的绸带作为腰带，男子扎腰带时上提袍子，女子则不用。已婚妇女不扎腰带，故被称为布斯乌贵（意为不扎腰带的人）。

4. 回族体衣

回族男子上身穿白色对襟上衣，名“朵汗塔”，外套对襟黑色坎肩，坎肩随着季节不同材质略有变化，有布制、棉制、皮制等，下身穿黑色或蓝色裤子，长及脚背，头戴白色无檐“巴巴帽”。妇女服饰多以大襟长褂为主，中老年妇女上衣多用蓝布或青布制成，外罩深灰色过膝坎肩；中青年妇女衣饰颜色鲜艳，坎肩上多有镶边绣花，精美异常。

5. 维吾尔族体衣

维吾尔族分布在新疆维吾尔自治区，多数在天山以南各处绿洲聚居。维吾尔男装为对襟长袍，称作“托恩”，以羊皮制成，直领右衽，领口、袖口和四边以黑花绒滚边，分为有扣和无扣两种。女子穿宽袖连衣裙，上开襟，质料有布、绸、金丝绒等。裙外罩坎肩，称作“吉丽提卡”，以红色、绿色或黑色平绒制成，以金线或绣花滚边。下穿宽口阔腿裤，出门时则加上衬裙。

6. 壮族体衣

壮族是我国人口最多的少数民族，聚居在广西壮族自治区和云南文山。壮族的民族服饰崇尚朴素自然。男子着“唐装”上衣，也就是对襟衫，中有七至九对口子，下穿阔口裤。女子多穿圆领对襟或者偏襟上衣，颜色以黑色、蓝色为主，腰身绣一道花边围裙，下身为长裤或者裙子。

值得一提的是壮族的“三层楼”服饰，即那坡龙林、后龙一带的壮族女装，当地壮族因穿黑蓝色衣物、黑布包头、黑色鞋子，又被称为“黑衣壮”。他们的妇女服饰，上身为偏襟齐腰立领短衣，衣身下摆以彩线锁边，两侧开衩，两角成弧形。腰系黑色百褶裙，长及膝盖。裙下穿黑土布长裤，长及脚踝。这样的装束，远远望去，层次分明，俗称“三层楼”。

（三）足　衣

足衣，指鞋、袜一类。鞋袜的出现很早，《诗经·小雅·大东》中说："纠纠葛屦，可以履霜。"其中的"葛屦"即是指草鞋，直至今天，草鞋还为很多少数民族所使用，制作精美的草鞋甚至成为一些旅游景点的旅游纪念品。除草、皮、麻等原料可以制鞋外，古代还流行过木屐。比较出名的就是"谢公屐"，即谢灵运登山时所穿木鞋，前后齿均可活动，方便上下山。而现在所流行的鞋一般为布鞋、皮鞋或靴子。

鞋的产生和使用，最大的原因应是为了适应生产生活需要，保护双脚，所以鞋子的样式多种多样，因各地的不同需要而略有差异。如蒙古靴，以涩面牛皮制作，靴筒宽大，靴头粗笨，靴尖上翘。靴筒宽大是为了适应冬季寒冷气候，便于在靴筒中套毡袜、棉袜、裹腿毡等；靴头粗笨，便于在上马时勾踏马镫；靴尖上翘，便于在雪中、沙中行走，不至于打湿裤脚、扬起沙尘。这些正是蒙古族牧民根据长期的劳动实践创造出的最适合当地自然环境和劳作需要的形制。

除了适应生产外，鞋子在很多仪式中也起了至关重要的作用。例如广西瑶族的定亲鞋。瑶族女子在定亲时，要给男方家人每人做一双鞋，鞋底所绣花纹各有不同，预示着不同的祝愿。给祖父母的，纳一颗北斗星，祝愿老人如北斗长存；送给父母的，纳一棵青松，寓意松柏长青；送给哥嫂姐姐的，纳一个玉米苞，寓意米粮丰收；送给弟弟的，纳竹笋，祝愿他长得快；送给妹妹的，在鞋面上绣红花，寓意妹妹像花儿一样美丽；给未婚夫的则是绣一颗红心，寓意忠贞不二。

（四）配　饰

配饰是人们审美需求的体现，无论是哪个民族的服饰，都很讲究配饰。配饰可以分为两种：附加的装饰物和人体自身的装饰。

1. 各种附加的装饰物

这一类包括头饰、衣饰和鞋饰。头饰形制如簪、钗、发夹、梳等发际装饰；还包括耳环、项链、手镯等首饰。衣饰则一般是衣服上的花纹，领口、袖口、襟沿、下摆所绣的花纹或者镶边，还有各种质料的腰带：绸制、皮制等。腰带除了起到系扎上衣的作用外，还能在上面挂上各种饰物，例如玉佩、箭囊、腰刀、烟袋、火镰等，除了有装饰作用之外，还是日常生活及生产的必备用品。女子腰带则更为精美，如苗族女装，在腰间或者百褶裙上都会带一条自己制作的花带，一方面起到装饰作用，另一方面还能显示自己心灵手巧，若遇上心爱的小伙子，花带还可以当信物。鞋饰则是对鞋的装饰，各民族有所区别，但同样精巧美观，女子往往在鞋面、鞋帮、鞋底绣上各种图案，男子则更强调实用性。

图 2.3　彝族天菩萨

2. 人体自身装饰

除了外部的装饰之外，人体自身还有一些装饰，例如发式、眉形、描唇、染指甲、文面、文身等。这些自身装饰除了审美的作用之外，还有特定的含义。例如彝族男子发型中的“天菩萨”，即在男子前额至头顶处留一撮头发，认为它是灵魂藏身之地，可以主宰祸福吉凶，也是男子的尊严所在，不准人随便触摸。也有一些装饰同人生仪礼有很大关系，例如广西龙州县壮族女子发式，婚嫁前后、生育前后有很大的区别：未婚少女的刘海直垂前额；已经订婚或者已婚未育的女子，前额刘海梳到右边，以发夹夹起；已经育有孩子的，不留刘海，脑后梳髻。还有一些是与各民族成人式相关的装饰，例如傣族女子漆齿、男子文身，独龙族女子文面等，其中一些已经随着时代的发展逐渐消失。

二、服饰的功能：防寒御暑，道德教化

（一）人所依避寒暑也——遮身蔽体，适应生产需要

在服饰产生的最初阶段，人们穿着服饰是为了遮身蔽体，以更好地适应

环境，实用功能是服饰的主要功能。刘熙在《释名》中说：“衣，依也，人所依以避寒暑也。”王充在《论衡》中提到：“夫衣与食俱辅人体，食辅其内，衣卫其外。”也就是认为衣服和饮食一样，都是人体生存必不可少的因素，都是为了满足人类的生存需要。

除了防寒御暑的功用之外，为了适应不同的生产需求，服饰在不同的生产条件下也有差异。如北方地区的游牧民族，多以兽皮制长袍为主要衣物。这种长袍一方面能使人们骑马放牧更为方便，同时，也可以护膝防寒，保护腰腿，晚上甚至还可以当被盖，充分适应游牧民“逐水草而居”的生产需要。而在沿海地区，由于日照强烈，渔民多戴斗笠或帽檐宽大的帽子以遮挡日光，短衣短裤且裤管肥大，便于散热兜风，也适应撒网捕鱼的需要。

（二）先敬衣衫后敬人——社会角色与等级的标志

随着社会分工越来越复杂，人的等级身份的划分也越来越严格。服饰功能不再仅仅是最初简单的遮身蔽体，而具有了更加复杂的功能——区别民族、男女、年龄、尊卑、职业等，是一个人社会角色与等级的标志。

服饰对民族的区别功能是显而易见的。春秋时，汉族与其他少数民族的明显区别之一就是体衣的穿法，是向右掩襟（右衽）还是向左掩襟（左衽）。孔子曾言：“微管仲，吾其披发左衽矣。”足见在当时中原人看来，“左衽”是“夷狄”的明显标志。哪怕是同属一个民族，也可以通过服饰区别不同的分支。我国少数民族中的不同称谓，如“白苗”“黑苗”“白彝”“黑彝”，即来源于民族服装用色不同。

服饰区别男女的功能应是自然选择的结果。在服饰发展的最初阶段，男女同服。随着男女分工的逐渐不同，逐猎山野的男子为防止擦伤，逐渐选择活动方便可以护腿的裤子；操持家务的女子则选择了透气的裙装等。随着社会的发展，男女服装的区别愈加明显，而“三绺梳头，两截穿衣”更是成了中国古代对女子的代名词。

年龄不同，服饰亦有不同。我国汉族古代的成年礼“冠礼”及“笄礼”，正是指男子到了20岁、女子到了15岁，才可加冠及笄，做成人打扮。而作为古俗的残留，纳西族的成人礼至今被称为“穿裤礼”和“穿裙礼”。在13岁之前，纳西族少年不分男女均穿左衽长袍，男子短发，女子留一根小辫。13岁时，举行完成年仪式，男子要换上短上衣、长裤和长靴，腰间系长腰带；女子要换上百褶裙，扎上红腰带，戴上耳环、手镯，这样才代表着成年。

而服饰的标志功能中，最重要的就是区别人的尊卑贵贱。从夏商时期，服饰便被赋予了“礼”的内容，《礼记·王制篇》中说，“衣服有制，宫室有度”，正是说明了服饰是一个人身份地位的象征。随着封建社会的发展，对于服饰的要求越发复杂与细致。历代史书皆有舆服制，根据人的身份地位的不同，对人所穿服饰在颜色、质料、花纹、制式上皆有不同要求，强调严格的等级观念。所以，在生活中，“锦衣”与“布衣”是等级的标志，紫色衣服是达官显贵的标志，长袍与短衫是文人与苦力的区别。在官员体系中，服饰更可以直接体现品级，明清时期的官员补服，图案是品级的区分标志。文官系统，一品仙鹤，二品锦鸡，三品孔雀，四品鸳鸯，五品白鹇，六品鹭鸶，七品鸂鶒，八品鹌鹑，九品练雀。武官补服，一品麒麟，二品狮，三品豹，四品虎，五品熊罴，六品彪，七品犀牛，八品与七品相同也是犀牛，九品海马。

（三）垂衣裳而治天下——教化功能

随着社会的发展和政治观念不断的复杂化，服饰所具有的功能也逐渐复杂化。除了具有上述功能外，还具有承载政治观念、教化礼仪伦常的功能。如中国古代汉族的丧服制度，就完全按照儒家观念，讲究男尊女卑、长幼有别、内外区分，按照血缘关系的亲疏远近，分为斩衰、齐衰、大功、小功、缌麻五个等级的丧服，被称为五服。这五种丧服的质料和制作均不相同，根据与死者的关系，所穿丧服、服丧时间都有十分严格的规定，如父丧，子为父服丧穿斩衰丧服三年；母丧，子为母服丧穿齐衰丧服三年等。在这种严格的规定下，生活中“五服”成为人们衡量亲属关系远近的泛称，“五服”以内即是近亲，“五服”以外指远亲。不仅仅是服饰质料，服装纹饰上也承载了多种意义，例如古代的”十二章纹“，即天子衮服上的十二种图案：日、月、星辰、山、龙、华虫、宗彝、藻、火、粉米、黼、黻，每种图案的形状、色彩、位置都有规定，每种图案也都有它独特的象征意义。如两肩上饰日月纹，背部饰星辰纹，代表着天子“肩挑日月、背负星辰”，山象征着帝王能治理四方水土，龙象征着天子应机布教、善于变化，藻象征着天子的品行冰清玉洁，等等。总之，是通过这十二种纹饰说明至善至美的帝德。政治在服饰上的体现更是不容忽视，清军入关后的“剃发易服令”，是针对男子服饰所作的要求，以此来巩固自己的统治；辛亥革命之后，剪辫子和穿中山装，是维新的符号；新中国成立后，列宁服的流行，是紧跟苏联的表现；改革开放后，西装成了流行衣饰，这是经济发展的体现和西方社会的影响。

第三节 礼仪之邦谈禁忌

一、服饰禁忌：色有所尚，禁忌不同

服饰禁忌作为服饰民俗的一部分，其产生是离不开先民对于鬼神的崇拜和敬畏的。但是随着生产力的不断发展和服饰民俗的不断完善，服饰禁忌对人的影响也越来越广泛，具体体现在以下几方面：

（一）用色禁忌

中国古代对于自己服饰所用颜色的贵贱吉凶有着明确的观念，历史上各代所崇尚的至尊之色均有不同。夏朝以木立德，服色尚青；商以金立德，服色尚白；周以火立德，服色尚赤；秦以水立德，服色尚黑；其后汉尚赤、唐尚黄，宋元服色均尚黄，至明代，服色尚赤，清又复黄。虽然同一时代服饰样式男女不同、老少不同，但是颜色的追求与禁忌是相同的。黄、紫多被认为是贵色，平民不允许使用。元代之后，绿、碧、青常被认为是贱色，只有娼妓、优伶等行当中人才会使用。元代“至元五年，准中书省札，娼妓之家，家长并亲属男子，裹青巾”，所以直至现在，汉族成年男子也忌讳戴绿色帽子。

同时，在印染技术发展之后，白、黑两色往往被认为是凶色，成为汉族民间慎用的两种服色。《礼记》中提到：“为人子者，父母存，冠衣不纯素。”“素服，以送终也。”全身穿白和全身穿黑同样为人所忌讳，黑白色似乎成了与阴间沟通的专用色，连地府来勾魂的使者都是黑白无常，所以平时使用黑白色，必须与其他颜色相搭配，哪怕是寿衣，也忌用全黑。红色在中国素来代表喜庆和吉祥，婚嫁、年节时最为多用，甚至渐渐发展成红色可以镇压邪祟、趋吉避凶，比如本命年须着红色，所以，红色也成了汉族民间举行丧葬活动时最忌讳的颜色。

而这种颜色禁忌根据民族和地区的不同又有不同。对于汉族人来说是禁忌的纯白色，在蒙古族则被视为神圣、纯洁和美好的颜色，蒙古族的春节又被称为“白节”，献给神佛和尊贵客人的哈达也是白色的。而壮族“黑衣壮”一支，更是崇尚黑色。

（二）服制禁忌

中国的每一朝代都有自己的衣规服制，也就是在服饰方面对人进行约束限制的规约，也就是说每个朝代都会有一个相对固定的服饰形制，这在一定意义上具有标准典范的作用，如果随意超越规制，轻则被视为奇装异服，重则可能使自己产生生命危险。清朝初期，民间有这样的说法："生降死不降，男降女不降。""留发不留头。"也就是活人必须遵守时下衣规服制，死人可以着古衣，男子必须剃发易服，女人可以着明朝装束。当然，不同民族的服制禁忌是不同的，如古代汉人女子忌讳穿着裸露，但是云南佤族、景颇族等民族，女子所着筒裙仅过膝。每个民族、每个时代都会有自己的衣规服制，遵守这些规制无论在哪个民族哪个时代都是必要的。

二、发展趋势：趋同尚简，西风东渐

服饰本身就是为了人类需要而存在，随着人类的发展而发展的，一些在过去至为重要的服饰习俗，在现在已经成为纯粹的历史，丧失了实用价值。总体来说，服饰在当今社会的发展呈现出这种趋势：差异化减少，趋同性明显。

随着经济全球化趋势的逐渐明显，各国虽然在政治、宗教、法律等方面差异显著，但是文化的交流却越来越多，西方国家把经济发展空间扩大到世界各地的同时，也把自己的文化带到了世界各地。在这种背景下，在我国的大部分地区，西式服饰成为日常服饰的主流，西服、牛仔裤随处可见，纽约、米兰等地的时装周成为时尚的风向标，欧美流行服装更是年轻人着装的模仿对象，而民族服饰，大多已经脱离了日常服饰的范畴，成为民族盛大节日时的礼服或者是舞台装。而中国服饰本身，在质料、制作方式方面也受到了西方影响，同时，服饰的区分功能日渐减少，古时衣规服制已经不再存在，除了军警服装，服饰中等级、行业、身份的界限也越来越弱化，整体风格越来越变得简便、大方。

思考题：

1. 服饰的构成要素有哪些？
2. 如何看待汉服运动？

扩展书目

[1] 戴钦祥．中国古代服饰．北京：中国国际广播出版社，2010.
[2] 楼慧珍．中国传统服饰文化．上海：东华大学出版社，2003.
[3] 徐清泉．中国服饰艺术论．太原：山西教育出版社，2001.

第三讲
民居习俗

居住和建筑民俗是物质民俗的重要内容。作为生活的栖身之所，民居建筑不仅满足了人们抵御风雨猛兽侵袭的生理需要，也满足了人们的精神需求，成为社会思想观念的重要载体，具有丰富的文化内涵。传统民居的选址、材料、建造方法与技巧，建筑形式、布局陈设、装饰与色彩都充分体现了人们的世界观、人生观、价值观和审美情趣。可以说，民居建筑即是传统文化观念的一个生动的立体展示。

我国幅员辽阔、民族众多，由于自然环境、历史文化传统以及文化交流等因素，各地区、各民族的居住形式多样，各具特色，形成了丰富多彩的居住文化。本讲从我国传统民居建筑的主要渊源开始，在居住的民俗表现中，重点介绍了我国传统民居主要类型、民居风水观、造房习俗、布局分配、民居装饰等，通过这些介绍，以期呈现我国传统民居和居住习俗的概貌。

第一节 追根溯源话建筑

“居者有其屋”，民居建筑的渊源可以追溯到新石器时代的原始建筑活动。古代文献对原始居住方式有所记载，如《韩非子·五蠹》中：“上古之世，人民少而禽兽众，人民不胜禽兽虫蛇，有圣人作，构木为巢，以避群害。”《墨子·辞过》中：“古之民未知为宫室时，就陵阜而居，穴而处，下润湿伤民，故圣王作为宫室。”可见，原始建筑存在着“构木为巢”的“巢居”和“穴而处”的“穴居”两种主要构筑方式。

为了躲避猛兽袭击而在树上架设窝棚居住，这就是巢居，而当原始先民以人工立桩取代了天然树干搭建屋棚时，巢居就逐渐演进为干栏建筑。穴居由自然山洞发展而来，据考古研究，从穴居的演进过程看，在土层深厚的崖上向纵深挖掘的横穴出现最早，后来为了生产方便在近水的高地出现了向下挖掘的竖穴，进而又有了带屋顶以防晒遮雨的竖穴。再往后发展，为了进出方便，并减少地下潮气抬高了竖穴的地面，再加筑矮墙体，于是半穴居的住房就产生了。原始穴居遗址已有大量考古发现，如西安半坡遗址、临潼姜寨遗址等都有新石器时代的穴居房址发现，有的还形成了一定规模的聚落。

图 3.1 原始巢居发展序列

从分布来看，大体上黄河流域的黄土地带多穴居，长江流域和南方湿热的沼泽地带则多巢居。这是因为黄土堆积层土质具有良好的可塑性和稳定性，而黄土地带为半干燥气候，空气湿度较小，地下水位较深，都是发展穴居的有利条件。而南方湿热多雨地区，就地取材在树上架构屋舍，能更好地防潮通风以及远离虫蛇野兽。所以，穴居与巢居这两种构筑方式在不同的自然环境中，具有突出的环境适应性和文化典型性，有着极强的生命力，在漫长的历史发展过程中，它们可谓殊途同归，都朝地面建筑发展，成为我国传统民居建筑的主要渊源。

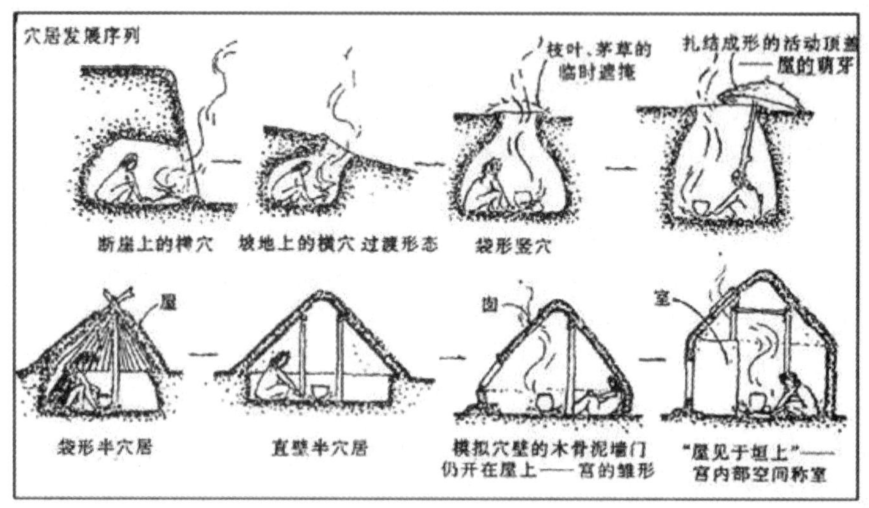

图 3.2 穴居发展序列

第二节 东西南北观民居

一、合院式民居

合院式民居是由若干单幢房屋建筑与墙、廊围合组成院落的合院形式。这种居住形式历史悠久，分布广泛，是我国满族、汉族、回族、白族等民居长期采用的建筑形式。

合院式民居的广泛运用，一方面是因为这种居住形式具有很大的灵活性，以庭院为中心可以形成从单幢、多幢直到复杂的多进院落、各种规模的组合院落，适应各种不同的使用需要。中心庭院不仅可以作为家庭的“露天起居室”，还有重要的气候调节功能，通过调节庭院天井的大小、高低、开合，可以满足不同地区的居住气候需求，比如北方强调的日照、防风要求和南方突出的遮阳、通风要求。另一方面，这种居住模式也与我国传统社会家族聚居的家庭结构相适应，人们强调的尊卑、长幼、男女等家庭伦理秩序都能在合院式布局中得到满足和体现。

图 3.3 北京四合院

合院式民居以北京四合院为典型。北京四合院一般坐北朝南，基本形制是分居四面的北房、南房和东、西厢房在四面围合，形成一个口字形中心庭院。北房是正房，作为堂屋和家中长辈的居所，东西厢房为晚辈居住，南房居南朝北所以又称为倒座房，为外客厅或账房、门房。四面房子都向庭院方向开门。对外只设一个街门，一般辟于宅院东南角，关起门来自成天地，具有很强的私密性。大门内通常还设有影壁，人们认为在此设置影壁有驱邪、聚气生财的作用。四合院一般是一户一住，也有多户合住一座四合院的情况，俗称为“大杂院”。

云南“一颗印”是一种小型的二层楼合院，它的北房正房、东西两侧耳房、南面门廊紧密地围合在一起，中间为一小天井。由于平面和外观呈方形，

图 3.4 云南“一颗印”

方方正正好似一颗印章，所以被戏称为“一颗印”。在使用上，正房底层中央一间作客堂，左右两间为长辈卧室，正房二楼中间为祭祀祖宗的祖堂或诵经供佛的佛堂，耳房底层为厨房和牲畜栏圈，其余房间供住人和储存农作物等。

二、干栏式民居

干栏式民居可以说是原始巢居的直接继承和发展。一般是先用竖立的竹、木桩构成高出地面的底架，底架上架设梁木承托悬空的地板，其上再用竹木、茅草等建造住房。这种底部架空的房屋架构方式，有利于防潮通风，适宜炎热多雨地区。我国南方很多少数民族都采用这种干栏式建筑，如傣族、侗族、壮族、苗族、瑶族、布依族等。

图 3.5 傣族竹楼

西双版纳地区傣族竹楼以竹木为材料，木材作屋架，竹子作檩、椽、墙、梯、栏，各部件的连接用榫卯和竹篾绑扎。竹楼下层架空，主要用来饲养家禽家畜。上层以竹编篱笆为隔断分为堂屋和卧室，堂屋内设火塘，火塘上方挂着一个方架，用于烘烤谷物等用，火塘周边铺着竹席，用餐会客都在这里进行。堂屋外还设有明亮宽敞的前廊和晒台。傣族竹楼的屋顶也很有特色，多采用歇山式屋顶，正脊短，坡度陡，屋檐低且出挑深远以遮阳避雨，于是建筑整体形如一顶尖尖的帽子，所以这种民居又被人们戏称为“孔明帽”。有传说过去人们不会盖房子，当诸葛亮来到傣族地区时，傣家人向他请教房子怎么盖，诸葛亮就在地上插了几根筷子，脱下帽子往上一放，叫人们按照他帽子的形状去盖房，于是傣族竹楼就建成了孔明帽子的形状。“走进竹林一片黄，挑选一些来盖房，不要砖来不要瓦，冬天温暖夏天凉。”傣族人通过歌谣表达了对这种竹楼的喜爱。

图 3.6 傣族竹楼

吊脚楼是干栏式民居的一种特殊形式。虽然框架结构大致相同，但是不同于一般干栏式建筑的全部悬空，吊脚楼是部分悬空，所以吊脚楼为半干栏式建筑。贵州苗族吊脚楼是半楼居干栏式民居的代表，多依山就势而建，居住层的正屋建在实地上，厢房除了一边靠在实地和正房相连，其余三边悬空，靠柱子支撑。很多吊脚楼还在二楼设有悬挑的走廊，走廊边放着靠椅，以便人们休息观景。

图 3.7 苗族吊脚楼

三、窑洞式民居

窑洞式民居是一种很古老的居住方式。由于受地形和气候限制，只有在干旱少雨且土质细密均匀的黄土堆积层中挖的窑洞才能长期使用，所以我国窑洞民居主要分布在北方少雨的黄土高原地区，如山西、陕西、甘肃、宁夏等。窑洞民居冬暖夏凉，在调节温度、湿度方面有良好的效果，还有施工简便，造价低廉，不占良田等优点。

窑洞式民居按建造方式的不同可以分为三大类：靠崖式窑洞、独立式窑洞和下沉式窑洞。靠崖式窑洞又称为靠山窑，顾名思义，就是靠着山坡沿黄土坡边缘向内横向挖掘出洞穴作为居室，人们概括为“随山就势，靠山打窑”。如有适宜地形，人们一般都会充分利用，沿着山坡崖壁从下到上开掘很多窑洞，众多窑洞依山向上错落分布，之字形或 S 形道路将各层、各户窑洞连接起来，形成大型的梯田式窑洞聚居村落。

图 3.8 靠崖式窑洞

独立式窑洞又称锢窑，是在平地上以砖石或土坯砌成拱券式，然后再覆土建造的独立窑洞。这种窑洞形式既保留了窑洞的优点又摆脱了地形的限制，较为灵活，只是造价高一些。山西平遥的独立式窑洞大多以砖砌成，高大坚固，多与其他房式组合形成四合院。

下沉式窑洞又称平地窑、地坑院、暗庄子，是窑洞建筑中最为独特的一种。它是在平地上向下挖深坑，使之形成人工土壁，然后在坑底各个方向的土壁上挖掘窑洞的特殊合院式民居。有民谣很形象地概括了这种特殊窑洞形式：“进村不见村，树冠露三分。麦垛星罗布，户户窑洞沉。”“上山不见山，入村不见村，平地起炊烟，忽闻鸡犬声。”这种窑洞多流行于河南巩县、三门峡、灵宝和甘肃庆阳、山西平陆一带。布局上与北京四合院类似，以坐北朝南的窑为主窑，是长辈的住房，两边的窑洞是晚辈的卧室以及厨房和储藏室，南窑洞作为厕所和畜圈，也是窑洞的通道出入口所在。下沉式窑洞的顶部通常要比周围地面略高一些，还建有一圈女儿墙，这样既可避免地面上的人不小心跌落，也可防止地面雨水流入院中。

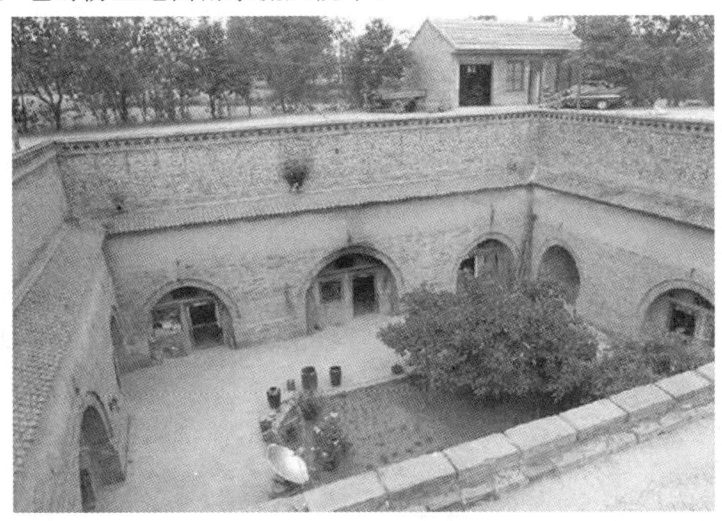

图 3.9　下沉式窑洞

四、帐篷式民居

帐篷式民居是以畜牧业为主，逐水草而居的游牧民族为适应游牧生活而发展出来的一种便于拆卸组装，便于运输的移动式民居。较为典型的帐篷式民居有蒙古族的蒙古包、哈萨克族的毡房、藏族的藏式“帐房”、鄂伦春族的“撮罗子”等。

图 3.10　哈萨克族人们搭建帐篷

蒙古族牧民的蒙古包结构简单，主要由木构架和毛毡构成。一般包括以下几部分："哈那"，蒙古包墙体的骨架，一般是由木材制作的可以伸缩折叠的网架墙。"陶脑"，蒙古包顶部的圆形天窗，也是采光口，由木质材料接扎而成。"乌那"，连接顶部天窗和墙体的木质椽条，是支撑蒙古包圆屋顶的骨架，像一把大木伞架，长短和多少由蒙古包的大小而定。毛毡，木构架完成后外围包裹的毛毡，冬天可以多覆盖几层毛毡以保暖，夏天则可以将顶部和部分墙体覆盖的毛毡掀起来，以利通风。此外还有中心立柱、门和地板。

蒙古包内部正中天窗下设置炉灶，人们围拢灶台而坐。包内圆形区域虽然面积不大，但是各个功能分区不仅是固定的，还有着男女、长幼、主客的位置区别。比如蒙古包内正对着门的方向是家中男主人的座位，以此为分界，男客坐主人的右侧，女客和儿童坐主人的左侧。一般在蒙古包西北角还设有佛龛，佛龛前不能坐人。随着社会经济的发展，蒙古包也有了一些变化，比如在蒙古包上加建玻璃窗，使室内更明亮；比如有了风力发电机后，蒙古包内出现了电视等现代化设备，等等。

图 3.11　蒙古族蒙古包

鄂伦春族的"撮罗子"结构更为简单，是以若干根桦木杆和桦树皮、兽皮搭盖而成的一种圆锥形帐篷，拆盖方便，适合游猎生活。其骨架大小因人口和季节而异，夏大而冬小。帐篷内的柱中央为燃篝火处，用以做饭取暖。顶部留有空隙，以便采光排烟。家庭成员坐卧的铺位也有区分，入口左侧铺位归男女主人，右侧铺位归家庭其余成员，北面是供奉祖先的位置。

图 3.12　鄂伦春族“撮罗子”

五、碉　房

碉房的主要代表为我国藏族、羌族聚居地区的传统石砌建筑。为了适应高寒山区气候和满足防卫的需要，这种建筑的石砌墙体较厚，开窗较小，坚固结实，外观看上去犹如牢固的碉堡。

四川汶川、理县地区的羌族传统碉房，多建在高山及半坡台地上，一般为二至三层的矩形平顶建筑。羌族叙事长诗《木姐珠与斗安珠》中对碉房结构布局有这样的描述：“石砌楼房墙坚根基稳，三块白石立房上，中间一层干净人居住，房屋下面专把禽畜养。”二层起居大屋正中设有火塘，火塘是全家活动的中心，也被视为神圣的地方。顶层靠山一侧通常有 2 米左右进深的小房间“照楼”，用以储藏或吊挂粮食。照楼顶上安放数块白色石英石，代表天神、房屋神等神灵。照楼前的平屋顶可打晒粮食，也可在此休憩聊天。一个寨子中，羌民还利用彼此住房之间的间隔地带，修建成过街楼或封闭式过

图 3.13　羌寨碉房

道，家家相连，全寨相通，以加强彼此间的联系，提高防御能力。理县桃坪寨就是这样一个典型的羌族村寨。

藏族碉房的结构与羌族大致类似，也是底层堆放杂草和用作牲畜厩舍，二层起居，顶层略有不同，藏族人信仰藏传佛教，因此碉房顶层都设置有单独的经堂，这是家中最神圣的空间，家中成员要经常到经堂诵经朝拜。

图 3.14 藏族碉房

3.15 藏族民居经堂

除了生活居住的碉房外，碉房式建筑还包括一类主要用于军事防御的石砌高碉楼。藏羌民族生活的岷江上游、大渡河上游地区历史上部落众多，战事频繁，修建于交通要道、关卡、村寨入口或民房后的高石碉一般都是军事防御碉楼。这种碉楼一般都在 20 米以上，低者七八层，高者十数层，中上部各层不同方向的墙上错位开设有观察射击孔。形制上，石碉楼可分为四角碉、五角碉、六角碉、八角碉、十三角碉等，以四角碉最为常见，皆碉高墙厚，易守难攻。现存的碉楼多为清朝时修建，历经数百年的灾乱，仍坚固无损，充分体现了藏羌人民高超的建筑技艺。四川甘孜藏族自治州的丹巴碉楼林立，雄伟壮观，有“千碉之国”的美誉。

六、集居式土楼

集居式土楼是一种风格比较特殊的民居形式，主要分布在福建西南和广东东北部，是主要以土作墙建造起来的一种集居式大型单体民居建筑。这种建筑有两大特点，一是对建筑防御功能的强调，墙厚门窗少，对外封闭，对内开敞，这一点与藏羌碉房相似；二是在使用上的集居性。作为体量庞大的单体式建筑，一幢土楼可容纳上百户人家。所以这种既有利于家族团聚，又能有效防御外敌的居住形式，成为福建、广东地区客家人聚族而居的住房选择。

图 3.16 福建土楼

土楼以圆形土楼、方形土楼最为常见。福建华安县蒋姓氏族的二宜楼是很有代表性的圆形土楼，其直径达七十多米，分内外二环，外环有四层，每层靠近庭院一边都设有走廊，第四层上设有全楼贯通的通廊。二宜楼共有十二个居住单元，近两百个房间。每户人家占用从上到下的一个到几个开间不等，内环平房为厨房与客厅，外环各层设仓库与卧室，各有楼梯上下。内部圆形广场是人们的公共活动空间，祠堂位于圆楼正门正对的房屋中。整个建筑牢固坚实，冬暖夏凉，公私兼顾，安稳舒适，宜家宜室，宜内宜外，是为“二宜”。

图 3.17 二宜楼

永定县江氏家族的承启楼，三环层层叠套，内低外高，外环四层，二环二层，一环平房。中心庭院有单独设置的祠堂建筑，其大门正对圆楼大门。承启楼最多时曾住过 800 多人，可以说一幢土楼就是一个客家人聚族而居的小社会。

方形土楼平面呈方形，中轴突出，主次分明，在布局分配上十分讲究。其中的“五凤楼”是在传统四合院基础上形成的，为“三堂两横”结构，即有主体建筑前堂、中堂、后堂以及左右两横屋。“五凤楼”的地形和房屋都是前低后高，且按中轴对称布置，于是整个建筑群落由南至北呈阶梯式升高。大门前常有长方形的晒场和半圆形的风水池，土楼背后高地上还要用围墙圈起一块半圆形的空间，这里是神圣的场所，不许人随便入内。

在 2008 年的第 32 届世界遗产大会上，福建永定、南靖、华安 3 县共计 46 座土楼捆绑组成的“福建土楼”，以其丰富的文化内涵，被联合国教科文组织世界遗产委员会正式列入《世界文化遗产名录》。

图 3.18 “三堂两横”福裕楼

第三节 趋吉避凶看风水

我国很多地区在居住上特别讲究风水。风水，又称“堪舆”，是勘察和选择住宅基地（阳宅）以及死者墓葬（阴宅）的位置、朝向、布局等，以达到趋吉避邪目的的一种方术。风水术最初是先民为了选择合适的生存居所而由实践经验总结出来的相地方法，带有很强的实用性原则，后来受“天人感应”“阴阳五行”等学说的影响，人们把天体运行、宅地方位与人事相对应，认为聚落和房屋的基址、布局等的好坏，会直接影响到居住者的吉凶祸福乃至后代子孙的命运前程，使风水理论带上了很强的神秘色彩。

风水文化历史久远，体系庞杂，对人们居住观念与行为产生了广泛的影响，上至都城、宫庙、陵寝的选址规划，下至乡村、民宅、坟茔的相地布局，都深受风水观念的制约。买房建房或装修布置时看看风水，这种习俗在民间至今依然存在。

风水对居住习俗的影响主要表现在三个方面：一是对基址的选择，包括聚落选址和房屋选址，追求一种在生理和心理上都能得到满足的地形条件；二是对居处的布置形态的处理，包括对自然环境的利用与改造，房屋的朝向、高低、大小、出入口、道路、水源等因素的安排；三是在上述基础上添加某些象征性的符号，如建造宝塔、阁、庙宇、亭楼等，以进一步满足人们趋吉避凶的心理安全需要。

选址被人们视作安居乐业的头等大事，那么怎样才能"择吉地而营之"呢？明代专论住宅风水的《阳宅十书》中有"凡宅左有流水谓之青龙；右有长道谓之白虎；前有污池谓之朱雀；后有丘陵谓之玄武，为最贵地"的论述，简单地理解，即是说理想的居住地，要背靠着山，左右各有山冈环抱，或左是河流，右是道路，前面有弯曲的河流或池塘。在方位朝向上，则以坐北朝南的"负阴抱阳"格局为最佳。于是山环水抱、背风向阳、植被繁茂之地，就是风水中"藏风聚气"的最佳居所。这个居住理想模式对我国广大汉族地区的居住文化影响颇深，大到立村选址，小到营宅造院，大都会遵循这一模式。

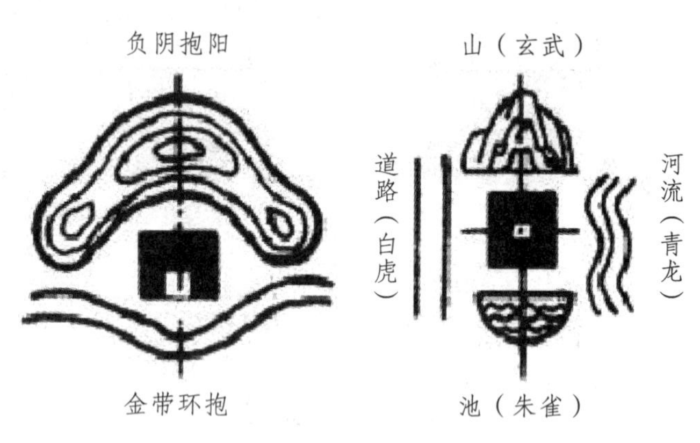

图 3.19 最佳宅址选择

安徽省黟县宏村、西递的村落选址和布局，都以风水理论为指导。宏村依山傍水而建，村子三面环山，一面抱水，坐北面南，北有雷岗山，南有人工建造的南湖，是典型的"前有照、后有靠"风水格局，也形成了良好的生态居住环境。从平面上来看，整个村子呈现为一个"山为牛头，屋为牛身，月塘为牛胃，南湖为牛肚，水网为牛肠，桥为牛脚"的牛形村落，如一头牯牛静卧在青山绿水之间，这样的整体规划布局也是出于风水的考虑，同时也可启迪村人发扬牛的精神，吃苦耐劳、艰苦创业。从选址到规划布局，无不体现出宏村人渴望安居乐业，富足平安的美好意愿。

再如船型村落西递村，北枕黄山，南眺白岳，境内有三条溪水自东向西流淌。在三水交汇的水口处，该村按照风水理论建有文星阁、魁星楼、风水塔等建筑，镇守水口以期达到增强财富和催发文运的目的。

图 3.20 宏村月塘

在房基选择和布局上，山东荣成地区除了要背山面水向阳外，还要求格局方正，这样居住者待人处世合乎法度，贤良方正，受人尊敬。枣庄地区打地基留堂屋门时不能正冲着正南方，一定要偏左或偏右一些，因为当地人认为皇帝的金銮殿才可以正对南方，或者庙宇才是正南正北“子午向”，一般平头老百姓压不住这么大的福气反而不利。贵州安顺地区盖房，地基宜步步高，

图 3.21 福裕楼前的风水池

取步步高升之意，忌步步低，天井忌直长型，因为似棺材。广东中山地区盖房，住宅后墙不开窗，以免“通尾”漏财，住宅对门不种木瓜，认为“流利”，因为当地人称木瓜为琉璃果。浙江温州宁波一带，忌道路直冲屋宅大门，如有这种情况，则要在大门侧置一“泰山石敢当”石镇着，以求吉避邪。

风水说在我国一些少数民族地区也很流行。比如以往一些壮族人建房时也要先请风水先生对房基、周围环境、山脉水势等进行勘察，看是否符合“负阴抱阳”“左青龙右白虎”等标准。又因壮族人居住环境多山，所以对于山的要求较多，讲究屋宅前面朝山，后面靠山。房屋面对的山脉如果是圆形的，犹如钱袋，认为可以招财进宝，有三角形白崖“旗山”，可以出武将。还有一些民族有各种占卜宅基地的方法，如基诺族的梦卜，珞巴族的蛋卜，云南景颇族的水卜，等等。

图 3.22 浙江民居“泰山石敢当”

以居住习俗来看，风水作为一种独特的对居住环境选择和处理的传统观念，既含有科学合理的成分，又含有迷信的成分。从其合理成分来看，风水可以说是一种由生活实践积累起来的经验所形成的人居环境选择优化的实用技术，它的一些重要原则，如天人合一原则、环境整合原则、因地制宜原则等，在现代社会的人居环境建设中依然有着积极的参考价值。在创造良好的居住环境，满足人们生理和心理双重需求的宗旨上，它与我们今天的地理学、景观学、建筑学都有相通之处。从这个角度看，风水是一门有关环境与人的古老学问。但是，风水理论中也不乏牵强附会，荒诞不经的迷信内容，如祸福天定、鬼神玄虚等糟粕，应理性辨别并予以抛弃。

总之，无论古今，我们都可从对居住风水的重视中感受到人们对于美好生活的向往和追求，这也是风水术得以广泛存在的重要原因之一。

第四节 造房入宅循旧俗

建房是生活中的一件大事。在传统中国老百姓看来，盖一座房，等于建立世代基业，办子孙大事，人们会把自己与家人的命运乃至后代的兴旺发达都寄托在所建的房子上，于是在建房过程中以及随后的入住时都有许多讲究和规矩。直到今天，无论在农村还是在城市，无论繁简，一些寄托着人们美好生活愿望的造房入住礼仪习俗依然存在。不同的居室类型，某些具体程序会有些差别，但基本都有择地、开工、上梁立柱、立门、落成、乔迁入住这样几个重要步骤。

开工。房基选择好之后，一定要选择一个“黄道吉日”破土动工。吉日当天举行开工仪式，开工仪式各地区各民族有不同的讲究。四川东部要宰杀一只大公鸡，在宅基地的外围边界都滴上鸡血，房基正中放一张桌子供上肉果等祭品，祭祀“土地菩萨”。然后让泥工师傅挖开工第一锄，并且要选在该年对主家有利的方向挖，同时燃放鞭炮。祭祀仪式完成后，主家要摆酒请泥工师傅吃饭并分发红包。甘肃东部地区，开工吉日要请风水先生在院子宅基四周立起四个桃木桩子，并在院中心挖一个小坑，埋下五谷杂粮和朱砂等，一来表示扎根，二来为了镇宅。浙江、江苏一些地区是由匠人主持开工仪式并念唱专为建房架造使用的祷告文《请设三界地主鲁班仙师文》。藏族人在开工当日要请喇嘛到现场诵经做法事，在宅基地前摆“五谷斗”，设祭台置供品，燃放桑烟，并祈求平安，然后房主在房基的四个角落象征性地挖土，结束以后工匠才能正式开工营造。

上梁与立柱。“上梁”是过去建房过程中最重要的工序，俗语说“买屋看梁”，可见梁的重要性。上梁仪式各地繁简程度不一，但都要选吉日举行仪式，鸣鞭炮请客。四川德阳地区讲究“上梁越慢，房基越牢固”，木匠师傅们用粗绳吊着房梁缓缓升上房架时，掌墨师傅或风水师要领着众人高唱上梁吉祥歌。湖南、江西等地主梁在屋架上安好以后，屋主要在梁上悬挂或绑扎红布，以求吉利。但是也有地方上梁时忌讳红色，比如在白族人看来，红表示火，房子最怕的就是火，所以上梁时所有人都不能穿红衣服。同理，上梁时如果遇上下雨，很多地方都视为吉兆，江苏连云港一带有句俗话叫“有钱难买雨浇梁”，同时认为新房经过天水浇浇，可以祛除各种恶气，保佑家人平安。苏州地区在上梁过程中还专门设有模拟下雨的仪式，工匠要念着浇梁词，用水或酒浇在梁上，认为这样可以避免火灾隐患和驱邪。

图 3.23　各地上梁仪式

在一些少数民族地区，相对于梁，“柱”占有更突出的地位。比如傣族的干栏式楼房，柱子是房子的主要支撑，人们对柱子特别重视，尤其是中柱，认为神明就依附在中柱上。西双版纳傣族在竖房柱时，一定要先竖右边的那根中柱，因为傣族以右为上，还要在梁柱上挂红布画八卦。哈尼族人在开工测定正房中心后就要举行隆重的立中柱仪式，中柱立好后才能立其他柱子。傈僳族在竖中柱时，通常要请巫师用米占卜。巫师随手抓一把米，米粒数目如果成双，表明吉利，可以竖中柱；如果数目成单，则当日不宜立柱，必须改日再卜。

立门。建房到立门时，也有一些讲究。湖南农村要举行祈祷仪式，俗称“安朝门”。河西走廊地区在立大门时，人们要在门楼下挂筷子一双、古书一卷、内装五谷的红布袋一个，寓意招财进宝和文运兴旺。四川一些地方流行

“踩门”，在大门刚安装好后，要由公认为德高望重、福寿双全的人来踩门，踩门人手端放着红枣、核桃、钱币的茶盘走进大门，屋主要打开门恭敬地将其迎进屋，踩门人一边进屋一边要说“踩福门、踩祥门”等吉祥话，然后将茶盘里的东西抛向屋中。

落成。新屋落成是人生一大美事。房屋建好完工后，各地都有设酒招待工匠和乡亲、帮工的传统习俗。瑶族人在房屋建好后宴请宾客时，要由房主出来说唱《答屋词》，赞美梁木“全身都是宝”，赞扬“后家好心意”，祝愿“上梁福满门”，还要表示对大家的谢意，吃饭结束后会进行一些传统娱乐活动以示庆贺。

入住。新房落成以后的入迁，对房主人来说意味着一个全新阶段的开始。为了图个好彩头，搬新家吉日一定要做吉事说吉利话，房主人还要置办酒席宴请亲朋，客人则要送上礼物祝贺乔迁之喜。在迁居入住仪式中有两个重要的环节，一个是祖宗神位的安置，如江浙一带搬家之日，家长要手捧祖宗牌位进入新居后安放停当，然后才能去应付其他事务。四川德阳地区在搬迁之日要焚香秉烛，恭敬地请家神下龛。入住仪式中的另一个重要点是分火建灶。传统农业社会，火在人们生活中的地位不言而喻，有的地方乔迁新居就用“火”或与火有关的字眼来称呼，如广东南部搬新家就叫“入火”，山东叫“温锅”，四川叫“烧锅底”。有些地区有从老房或旧房中将灶火引入新家的做法，意喻薪火不断延绵不绝。比如哈尼族人搬入新房时，要取老房老火塘的火为火种，如果是拆旧房盖新房，主妇要包一些灶灰保存起来，进入新房后要将这些灰放入新安装的火塘中，然后由家长生火，新居生活才算正式开始。

第五节　布局陈设有讲究

住房的布局分配是居住习俗中的一个重要内容。我国大部分地区传统民居的住房分配都不是随意安排的，要特别注意辈分、长幼之间的区别，在满足家庭成员生活需要的同时也体现了家庭内部的等级秩序和亲情关系。从这个角度看，居住作为重要的社会行为，充分体现了我国传统伦理道德思想。

以北京四合院的空间布局和住房分配为例。传统一家一院的四合院中，位于南北中轴线上坐北朝南的北房通风采光最好，是家中长辈的起居之处，在宅院中地位最高，也称正房或上房。正房的开间、进深和高度等在尺度上都大于其他房间，用料装修也最好。正房开间一般为三间，中间一间为堂屋，正中设有神位，如“天地君亲师”牌位，这里是家中举行年节祭祀、婚丧寿庆等大事，以及接待贵宾的地方，是一家的核心空间。正房东侧的次间往祖父母，西侧的次间住父母，而且正房东（左边）次间比西（右边）略大，这是受“左为上”传统习俗的影响。四合院东西两侧对称的厢房是晚辈居住的地方，有时东厢房的尺度略大于西厢房，如果一家有两个儿子，则东边厢房住“兄”一家人，西边厢房住“弟”一家人。正房后面的后罩房，位于院落的最后，庭院深深，最为私密，一般是家中女儿或其他女眷居住。南房倒座房为书房、仆役房或接待一般来客的门厅。院子中间的庭院是家中的户外活动空间，也是整个宅院的连接纽带，将东西南北各房从空间、功能上连接成一个整体。四合院中除一个大门与外界相通之外，一般都不对外开窗，只要关上大门，四合院内便形成一个封闭式的小天地。可见，主次分明、秩序井然的整体布局，对尊卑、长幼、男女、内外的区分设置，四合院以一种无言的形式表达了中国传统的家庭伦理观念。

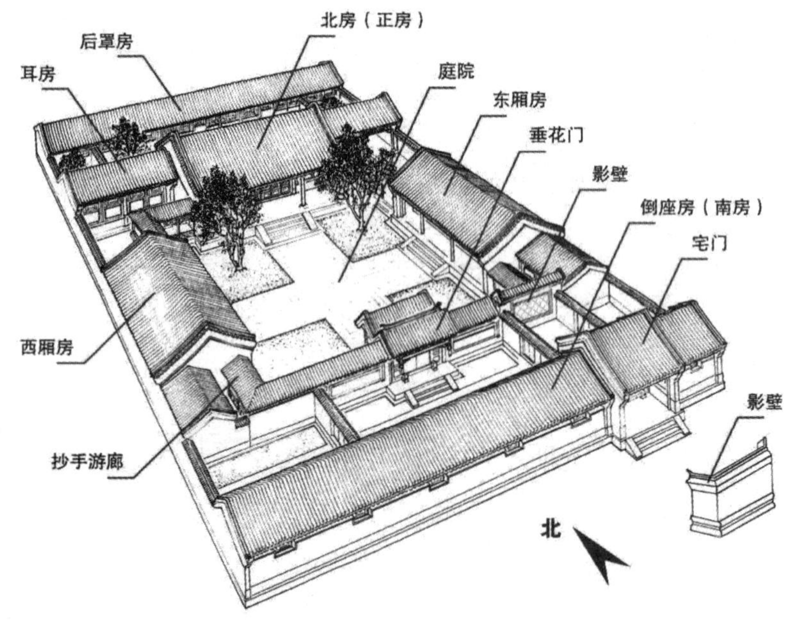

图 3.24　北京四合院

福建、广东地区的客家人土楼的布局则突出体现了我国传统宗法家族观念。客家土楼多是一个姓氏的大家族聚族而居，土楼的中心往往是祠堂所在，祠堂中供奉着家族的祖先和神灵，是族人祭祀祖先，聚集议事的地方。圆形土楼一般在中心天井院单独建造一所房屋作为祠堂，也有的将土楼正门正对的房间作为祠堂，并在门前设置一对抱鼓石装饰，与其他房间区分开来。“三堂两横式”五凤楼是在南北中轴线上，从前至后分别设置下堂、中堂和上堂三座厅堂。下堂靠近大门，是门厅，地势最低。中堂是五凤楼的中心，为议事厅堂，作为接待来宾、聚集议事的场所，其地面要比下堂高出半个台阶。中轴线的最北端为三至五层的上堂主楼，为全宅院最高建筑，底层正中是供奉家族祖先牌位的祖堂，其左右的楼上的房间是族内尊长的居室。左右横屋对称，是辈分较低者的居室。整个布局规划统一、轴线明显、层次分明，体现出强烈的主次等级观念。

图 3.25　土楼中心的祠堂

我国一些少数民族是以火塘为中心来进行住房空间的布局和分配。在这些房屋中，火塘被视为是火神、祖先神栖身之所，所以严禁对火塘的不敬和亵渎，比如任何人不许从火塘上方跨过，不准泼脏水或吐痰在火塘里等。于是，作为神圣空间的火塘，对家中世俗空间的划分有着重要的影响。

云南普米族传统生活起居都围绕着火塘进行，环火而坐时，右边为男性，左边为女性，客人的席位一般在右边。环火而眠时，在火塘周围设铺，左侧为男铺，右侧为女铺，互不逾越。火塘后方设神龛，逢年过节和办红白喜事，都要在火塘边祭祀，祈求家人安泰。

临沧佤族竹楼内一共设三个火塘：主火塘、客火塘和鬼火塘。主火塘在主房，终年不息，是家人活动的中心，火塘后是家长睡觉之处，未经主人同意，客人不得坐卧。客火塘在客房，供客人取暖和煮牲畜饲料之用。鬼火塘所在为外间，这个火塘作祭鬼之用，人死后棺木就停放在这个房间。

独龙族有分火塘不分家的传统习俗。家中子女结婚后，仍然生活在一个大屋中，只是在屋内增加一个火塘，一个火塘相当于一个小家庭，已婚子女围着自己的火塘而宿。火塘有设在房内两边对称排列的，也有设在房内四角的。家长的火塘设于上方，晚辈住在火塘下方。若是住房实在不够，子女结婚后则在紧挨父房的地方加盖新房另立火塘。

图 3.26　火塘

第六节　吉祥如意寓装饰

如果说建筑是一门实用艺术，那么装饰就是民居建筑艺术表现的重要手段之一。我国民居建筑的装饰手法形式多样，内容丰富，寓意深刻。人们在运用雕刻、彩绘、灰塑、陶塑、镶嵌等装饰手法对门窗、梁柱、地墙、屋檐、屋顶进行巧妙的艺术加工，美化建筑居室环境的同时，也寄托了自己对于生活的美好愿望。

民居建筑雕刻主要有木雕、石雕、砖雕。利用木材进行雕刻加工的木雕装饰在传统民居中最为常见，因为我国很多地区民居都是木构架建筑，木雕一般应用在门窗、房檐、额枋、梁架和家具陈设上。石雕经久耐用，多用于建筑需要防潮湿和需要受力的地方，如门框、门槛，柱础，台阶等地方，但是成本稍高。而砖雕比石雕更为经济，应用也更为广泛，多出现在门墙、照壁、山墙墀头等处。彩绘不仅可以装饰美化居室，其中的彩漆描画还有保护木构件，防潮，防蛀的作用。灰塑是南方汉族民居常用的装饰手法，是用白灰为原料做成灰膏，加上色彩后在建筑上根据需要塑造成型的一种装饰，一般出现在屋脊、山花墙面上。此外，还有用陶土塑造烧制成建筑装饰构件的陶塑，利用碎瓷片为材料的嵌瓷装饰，等等。

图 3.27　民居木雕

图 3.28　民居门头石雕

在装饰题材上，人们追求的永恒主题“平安吉祥，富贵如意”通过以上各种装饰手法得到了充分的体现，可以说是“图必有意，意必吉祥”。归纳起来，民居装饰的题材内容大致可分为以下几类：动植物类、器物类、人物故事类、文字装饰和几何纹样类。动物类常见的有狮子、麒麟、鹿、鹤、蝙蝠、喜鹊、鸳鸯、雄鸡、鱼等。植物类常见的有松、竹、梅、桂、桃、石榴、牡丹、芙蓉、兰花、菊花、莲花、合欢、百合等。器物类主要是一些人们认为能驱邪纳吉的吉祥物，如古钱、如意、花瓶、盘长、佛教“八宝”等。文字和几何纹样装饰有直接用字意来表达吉庆祥瑞的文字图案，如“福”字、“寿”字、“喜”字，来自梵文的卍字纹，以及回纹、云纹等。在进行装饰时，人们普遍运用了象征、谐音、比拟等表现手法，赋予这些图案纹样吉祥寓意，达到形与意的完美结合，具有浓郁的中国民俗文化色彩。

图 3.29　民居彩绘

图 3.30　木雕“喜上眉梢”

图 3.31　石雕“二狮滚绣球”

比如蝙蝠之“蝠”与“福”音相谐，所以很多民居门窗隔扇、檐枋上都有蝙蝠造型，五只蝙蝠图案意指“五福”，五福捧寿是在“寿”字周围均匀排列五只蝙蝠的图案，而蝙蝠和梅花鹿、仙鹤组合在一起意为“福”“禄”“寿”。

喜鹊被视为是报喜吉鸟，于是窗框上喜鹊站在梅花树梢上的图案就意指“喜上眉梢”。“瓶”和“平”同音，于是花瓶安插着如意，或者将花瓶的瓶耳绘成如意的图案，意为“平安如意”。而“事事如意”，则用两个柿子或两只狮子和如意头组成图案。鱼谐“余”音，寓意生活富裕美好，莲与鱼组合在一起就是“连年有余”。猴与“侯”谐音，猴子骑于马上，意思是功名富贵指日可待。还有石榴和葡萄多籽，象征着多子多福，家族兴旺。这些都是传统民居装饰中的典型图案。至于寓意人们追求的这些“福、禄、寿、喜、财”绵延不断、长久永恒的盘长、回纹、缠枝纹等纹样更是广泛地运用在房屋各个装饰部位上。

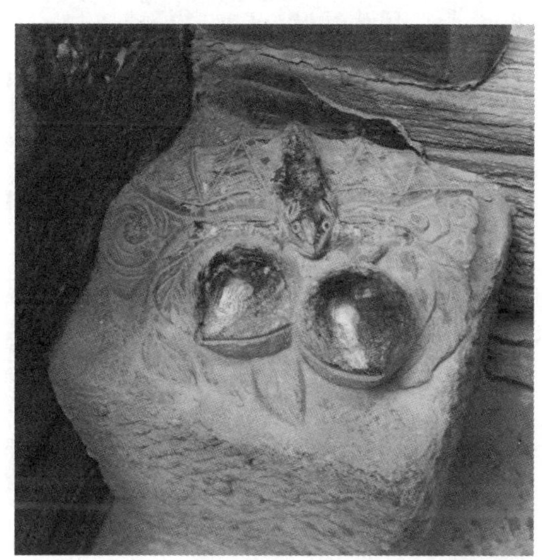

图 3.32 “福寿双至”

图 3.33 “鲤鱼跳龙门”

传统民居的人物故事题材类装饰大多具有浓厚的伦理道德色彩，将人们熟知的一些神话传说、历史和戏曲故事场景图案在建筑中展现出来，如“渔樵耕读”“桃园结义”“岳母刺字”“木兰从军”“观音送子”“二十四孝”等，以此宣扬孝悌、忠信、礼义，有着“助人伦，成教化”的作用。

图 3.34 二十四孝图——“百里负米”

比如山西灵石县王家大院的“行佣背母”房屋基石雕刻，取自行佣背着母亲逃避盗匪，其孝义感动上天最后得以保全性命的典故，构图巧妙，形象生动，可以说是一件精美的雕刻工艺品，不仅装饰了墙基，还起到了弘扬美德，教育子女的作用。还有以“三雕”闻名的徽州民居，人物故事类雕刻装饰随处可见，重视审美与伦理教化的自然融合，精美的装饰与高高的马头墙、白墙灰瓦、深宅天井等，共同成为徽州民居的独特表现形式。

图 3.35 “行佣背母”

图 3.36 维吾尔民居室内装饰

我国少数民族民居的装饰也各有特色。如维吾尔族的民居装饰，主要有彩画、木雕、拼砖和石膏雕花。在装饰题材上，受伊斯兰教教规制约，造型艺术禁止使用人物与动物形象，故多用细密精美的花草和几何纹样，色彩要么以白色和绿色为主，显得朴素庄重，要么艳丽丰富，极富装饰性，再加

图 3.37 维吾尔民居装饰

上民族特色壁毯挂件等，呈现出伊斯兰教建筑的独特韵味。

藏族民居的装饰纹饰和色彩都深受藏传佛教的影响，比如拉萨地区房顶转角插挂旗幡或五色经幡，从上至下用蓝、白、红、黄、绿五色，分别象征蓝天、白云、红火、黄土、绿水，旗幡上印有祈祷禳灾的经文。藏民门窗普遍饰有黑色边框，门窗上悬挂的用长条纺织品打成褶的“香布”，不仅有装饰作用，还起到了保护门窗彩画的作用。还有室内壁龛、梁柱上描绘的佛教故事、花草植物、瑞兽祥云等，都有着吉祥的寓意。

图 3.38　甘南藏族民居装饰

图 3.39　藏历新年插经幡

从广义上来看，除了雕、塑、彩绘外，民居中的匾额、对联、中堂画、门神、窗花，以及为了趋吉避凶而设置的一些避邪物件，都属于装饰范围。比如梅州客家人门匾多取迁居之前祖居地为名，如“荥阳堂”(潘姓)、“上谷

图 3.40　宏村民居承志堂

堂”（侯姓）等。重要厅堂的匾额，如“承志堂”“肃雍堂”，表示宗族的一个分支，家族的名号。而对联除了用在大门上，还常用在厅堂内，言简意赅地把一家的治家箴言表达出来，如福建永定振成楼厅内对联“振乃家声，好就孝悌一边做去；成些事业，端从勤俭二字得来”，安徽黟县宏村承志堂对联：“快乐每从辛苦得，便宜多自吃苦来”，“澹泊明志，清白传家”，“敦孝悌此乐何极，嚼诗书其味无穷”。如此这些，在传承家风，宣扬教化，美化装饰上都发挥了作用。

思考题：

1. 说说你家乡的民居建筑类型，以及相关的居住习俗。
2. 传统民居讲究风水，你认为风水是文化习俗、科学技术，还是迷信？

扩展书目

[1] 叶禾，刘魁立. 少数民族民居. 北京：中国社会出版社，2011.
[2] 孙大章. 中国民居研究. 北京：中国建筑工业出版社，2004.
[3] 王其钧. 中国传统建筑——中国民居. 北京：中国电力出版社，2012.
[4] 楼庆西. 中国传统建筑装饰. 北京：中国建筑工业出版社，1999.

第四讲
节日习俗

岁时节日习俗指一年中，人们根据不同的时序形成的不同的民俗事项及其传承。纵然民族不同，地域不同，古时的人们都是根据节日来安排着自己的生活。本讲从起源、节俗和现代节日三个方面进行阐述。

岁时节日的形成同天文历法有着密切的关系，人们通过对天象最原始的认识来安排衣食住行、生产生活，在一年四季中形成了固定的节点来进行标记，这就是节日的最初形态。

随着时间的推移，受到宗教和文化的多重影响，不同种类的节日逐渐出现，节俗活动也越来越多样化。人们通过节日活动祈求来年风调雨顺、诸事顺遂，亲情伦理、宗教信仰、地方文化影响着节日活动，也体现在节俗之中。

随着农耕社会逐渐被工业社会所取代，现代节日的影响越来越大。有彰显人类权益的公立“纪念日”，有西方传入的各类庆祝日，也有商家鼓吹的不同狂欢日。经济利益似乎在节日活动中占据了越来越多的比例。怎样在商业的包裹中更好地传承传统节日，值得我们每个人去思考和探索。

第一节　天文历法影响的节日形成

一、节日起源：应时而生，因地而别

岁时节日指一年中，随着季节的变化，依不同的时序形成的不同的民俗事象及其传承。

岁时节日的最初形成，同中国古代天文、历法密切相关。自古以来，我国就传承着依据天象来测寒暑季节并做衣食住行准备的传统，《诗经·豳风》中说“七月流火、九月授衣”，是说在农历七月天气转凉的时节，天刚擦黑的时候，可以看见大火星从西方落下去，九月时，就要准备御寒衣物了。

季节时序，对人们的生产生活影响极大，而随着农耕社会的不断发展，人们也从农业生产和实践活动中总结出日月运行、季节变换的规律，从而定出一年的节令，指导农事生产和生活。古代农历把一年分为十二个月，并且按照四季、气温、降雨、物候变化的过程，等分为二十四节气，即：立春、雨水、惊蛰、春分、清明、谷雨、立夏、小满、芒种、夏至、小暑、大暑、立秋、处暑、白露、秋分、寒露、霜降、立冬、小雪、大雪、冬至、小寒、大寒。“节”在这里指对岁时的分节，像竹节一样分割一年，让人们能够在一年的时间流中规律地生活，这在中国传统节日节期中占据了突出位置。

除了在二十四节气中出现的节日，还有各季各月中出现的朔望之期，以月亮的朔、望、圆、缺来决定节期。朔为上日，是各月的初一，又称“元日”。正月朔日，便为“元旦”，是每年的第一个朔日，也就是旧历新年的开始，传承至今便是春节。望日，为各月的十五。上元节是一年的第一个望日，庆祝祭祀，发展到今天成为元宵节。七月十五是下半年的第一个望日，被称为中元节。八月望日是八月十五中秋节。每逢五之日都称午，其中五月初五为“重午”，也称“午日”，这便是民俗的端午日、端午节。

二、节日发展：农事祈祷，故事传承

确定了节期，必须要有特定的民俗活动，才能组成一个节日。而岁时节日民俗活动的形成与发展，受到以下几方面的影响。

（一）农事祭祀，祈祷人寿年丰

传统节日从形成到稳定，一直发展到今天，节日活动一直处于变化之中，不断增加着新的内涵，然而，究其根源，节日的形成即是人们希望用掌握天象，来求得五谷丰登。所以，在节日的发展过程中，农事祭祀是一条最基本的线索。如中国最重要的节日春节，又称年节，即是古代一年丰收后祭祀的庆祝日子，《说文》中说："年，谷熟也。"《穀梁传》中记载："五谷皆熟为有年，五谷大熟为大有年。"今日以祭祀先人为主要活动的清明节，在产生初期也是重要的农事节日之一，《淮南子·天文训》记载："春分后十五日，北斗星柄指向乙位，则清明风至。"《岁时百问》中说："万物生长此时，皆清洁而明净。故谓之清明。"指清明到来，气温升高，正是春耕开始的标志。东汉《四民月令》中记载："清明节，命蚕妾，治蚕室，涂缐穴，具槌、持、簿、笼。"农谚有云"清明前后，点瓜种豆"，可知这个节日与农事关系密切。

（二）宗教渗透，信众以此寄托

佛、道两种宗教对我国民俗活动产生的影响不容忽视，宗教利用世俗活动来影响信众，信众通过世俗活动实现寄托，两者之间通过各种活动进行交流，这样，一些宗教节日节俗也渗透进岁时节日之中。

以中元节为例。中元七月十五，本来是将一年分为两半后，将下半年的第一个望日定为节令，正月十五为上元、七月十五为中元、十月十五为下元，只是一般性节令。但是佛教在中国盛行后，附会上佛教故事，传说目连的母亲青提因生前罪孽，死后堕入饿鬼道中，食物入口，即化作烈火。目连为救母亲，祈求于佛，佛给他讲盂兰盆经，并教他于七月十五做盂兰盆会，以超度其母。所以七月十五佛门寺僧做盂兰盆会，救度饿鬼。而在道家思想中，有"三元"之说，即天官、地官、水官。又云天官赐福，正月十五日生，为上元；地官赦罪，七月十五日生，为中元；水官解厄，十月十五日生，为下元。所以，道观在这一天多为人家持斋诵经，祭祀先人。在佛道两家影响下，民间过中元节除了做盂兰盆会，还要放河灯、放焰口、焚法船。

（三）传说故事，节日得以传承

我国节日习俗多在先秦时期萌芽，在汉代时逐渐定型。随着时间的推移，节日活动中关于原始崇拜和信仰的部分越来越淡化，人们逐渐加入各种传说故事对节俗加以诠释，这一方面使节俗有了更强的生命力，可以一直传承下去，另一方面，也更加丰富了节俗的内容。

以端午节为例，端午又名端五、端阳、重五。“端者，初也。”端午即五月初五。关于端午节的起源，历来众说纷纭，有起于三代夏至节说、恶月恶日趋避说、吴越民族图腾祭说。不论哪一种说法，根据习俗来看，端午的起源都与驱恶、辟邪、除毒等有关，民谣也有“五月五端午，天师骑艾虎。手拿青蒲剑，捉鬼五万五”之说。到了汉末魏晋之时，端午习俗中便增加了传说故事纪念历史人物屈原。屈原为楚国三闾大夫，于五月五日抱石自沉汨罗江，为了搭救他，人们竞相划船寻觅，并且向水中抛粽子，让鱼虾不侵害屈原的遗体。由于屈原的高洁品行为人敬仰，纪念屈原说很快成为最为人接受的端午节起源，也是现在流传最广、影响最深的说法。而且，值得注意的是，因为地区不同，流传的传说故事也有区别，比如浙江绍兴一带传说为纪念曹娥，还有纪念伍子胥或介子推之说，甚至有端午为药王生日的祭药王之说。

第二节　人寿年丰祝愿的节日习俗

一、节日分类：四时八方，节俗迥异

（一）东西南北过大年

俗话说，百节年为首，可见在中国，过年对于人们的重要性。前文说过，年节是古时庆祝丰收的日子，在各民族中都有过年之说，但是由于民族习惯和使用历法的不同，时间略有不同。

对于汉族地区来说，春节俗称过年，原名“元旦”，隋代《五烛宝典》中说：“正月为端月，其一日为元日，亦云正朝，亦云元朔。”“元”即为开始的意思。因为它是一年的头一天，春季的头一天，正月的头一天，故又称作三元；还有三朝、上日、元朔、三始等美称，都是表明春节是一年之首。将过年命名为春节，是辛亥革命时期的事情。当时开始采用公历纪年，称作阳历，为区别公历农历两个新年，将公历新年定名为“元旦”，农历新年定名为春节。1949 年 9 月，中国人民政治协商会议第一届会议决定，将公历元月一日定为元旦，将农历元月一日定为春节。民间则以“阳历年”和“阴历年”将这两个节日做区分。

1. 汉族年俗

汉族春节的时间是每年的正月初一，但是年俗活动往往不止于这一天，很多地方从腊月二十三日开始到正月十五元宵节都是过年。

以北京地区为例，老北京的春节可以从腊月开始，到正月十五结束，正如民谣所说："小孩儿小孩儿你别馋，过了腊八就是年；腊八粥过几天，哩哩啦啦二十三；二十三糖瓜粘，二十四扫房日，二十五做豆腐，二十六去割肉，二十七杀公鸡，二十八把面发，二十九蒸馒首，三十晚上熬一宿，大年初一去拜年。"这首民谣可以说概括了汉族地区的基本年俗活动。这里就比较重要的一些年俗做介绍。

吃了腊八饭，就把年来办

腊月初八，古称"腊日"，是祭祀祖先和神灵、祈求吉祥的节日。除了祭祖敬神的活动外，人们还要驱逐疫鬼。佛教在中国盛行之后，传说十二月初八为释迦牟尼成佛日，腊八节也是佛教节日。宋《梦粱录》载："八日，寺院谓之'腊八'。大刹寺等俱设五味粥，名曰'腊八粥'。"腊八粥是以黄米、小米、江米、白米、菱角、栗子、去皮枣泥、豇豆等和水煮粥。腊八粥除了祭祀祖先供奉佛像外，还要在正午之前馈赠亲友。

祭灶王爷

腊月二十三，民间又称"小年"，相对于除夕大年夜而言。但是南北方小年的日期略有不同，有些地区腊月二十四为小年。民间多在小年夜祭灶神，即送灶君上天。关于祭灶的时间，俗谚有云："官三民四乞丐五。"即腊月二十三为官家祭灶的日子，二十四日为民家祭灶，二十五日为乞丐祭灶的日子。灶君被称为"人间司命主，天上耳目神"。所以，送灶时，在神像前供上麦芽糖制的糖瓜或关东糖，把灶君的嘴粘住，免得他上天奏事时乱说。要烧些纸钱，供灶君上天路上使用。祭祀时念诵着"上天言好事，下界保平安"口诀，然后全家人叩头，为灶君送行。各种仪式举行完之后，将旧的灶君像揭下焚化，并请一份新的于大年三十除夕贴上。

祭灶结束之后，就开始忙年了。包括打扫房屋、剪窗花、写春联、贴年画、办年货、添新衣、洗涤除晦等，各地准备的年货各有不同，但是基本的内容是一致的。

吃年夜饭、守岁、大拜年

经过二十多天的忙碌，终于迎来了年节中最重要的部分——除夕夜。过年是合家团圆的日子，吃年夜饭也是年俗中必不可少的一项，多数家庭置办的年货中，很大一部分是食物。清人顾铁卿《清嘉录》卷十二说："除夕夜，家庭举宴、长幼咸集，多作吉利语，名曰‘年夜饭’，俗呼‘合家欢’。”

吃年夜饭，是春节家家户户最热闹愉快的时候。大年夜，丰盛的年菜摆满一桌，家人团坐，共吃团圆饭，是享受桌上的佳肴，更是享受合家团聚的欢乐氛围。北方年夜饭要有饺子，寓意新旧年交在子时，南方部分地区要包汤圆，寓意团团圆圆，还有地区是吃馄饨，寓意新年伊始，混沌初开。各地主食虽有不同，但是都讲究寓意吉祥，比如，很多地区年夜饭必有鱼，“鱼”和“余”谐音，是象征“吉庆有余”，也喻示“年年有余”。芹菜象征勤劳，韭菜谐音“久菜”，寓意长久。萝卜在部分地区称作“菜头”，谐音“彩头”。吃过年夜饭后，全家人在一起守岁。家人聚在一起谈心、沟通、娱乐，也意味着人们留恋逝去的时光和对新一年的祝福。

正月初一一早，人们开始到左邻右舍及亲朋好友家里祝贺新年，称作拜年，人们见面互相祝贺“新年快乐”“万事如意”“恭喜发财”等，正月初二、初三，嫁出去的女儿们便陪着丈夫、带着儿女回娘家拜年。

破五、人日

正月初五又称破五，自这天起，年节期间的各项禁忌就可以破除了，人们的生活可以逐步恢复常态。清末民初，天津诗人冯文洵在《丙寅天津竹枝词》中写道：“新正妇女忌偏多，生米连朝不下锅，杯碗捧持须谨慎，小心‘破五’未曾过。”正月初七称为人日，关于人日来历的说法中，较为权威的是晋人董勋的《答问礼俗》：“正月一日为鸡，二日为狗，三日为猪，四日为羊，五日为牛，六日为马，七日为人。”人日即是人诞生的日子。人日习俗，各地都有不同，有些地区以五彩丝帛或者金箔剪成人像以避邪，有些地区要吃面，谓之长寿面，有些地区则以天气来占卜是否人丁兴旺，也有地方在此日求子。

元宵节

元宵节可以说是整个春节民俗活动的终章。农历正月十五，是我国传统的元宵节，又称上元节；正月被称为元月，古人把夜晚叫做“宵”，正月十五是一年的第一个月圆之夜，所以被称为元宵节；并且因为元宵节要燃放花炮烟火，观灯赏灯，所以又被称为灯节。元宵节源于汉武帝祭祀太一神，《史记·乐书》记载：“汉家常以正月上元祭祀太一甘泉，以昏时夜祀，至明而终。”隋代时，隋炀帝每年正月十五都要举行盛大的灯会。到唐代时，灯会的规模更大，发展为灯市。宋代时，放灯风气更盛，灯笼制作更为精巧复杂，皇帝观灯更成为礼俗。到了南宋时，除了观看花灯外，还增加了燃放焰火等活动。

人们在元宵节时，除了上街观灯、赏灯、猜灯谜之外，部分地区还在元宵节有摸钉、偷青等求子习俗。明清时，常年待在家中的青年妇女在元宵节观灯之后，到各城门洞去摸城门上的铜钉，这样可以求子。或者有南方地区的妇女去别人家菜园偷摘青菜，据说偷得青葱会更加聪明，偷得菜蔬能嫁得如意郎君，小媳妇偷得生菜可怀孕生子。

图 4.1 成都元宵灯会

2. 少数民族年俗

年节在中国绝不仅仅是汉族的节日，少数民族除了同汉族一起过春节外，还有属于自己民族独特的年节。

藏族

新年前夕，藏族人家都要准备“五谷斗”，即外面绘有精致花纹的木质斗，里面装有麦粒、蚕豆，斗上插青稞穗并点缀酥油花。初一的早上，每家每户要做的第一件事，是由妇女到河边背回新年的第一桶水，称为吉祥水，预示新年吉祥如意，之后，全家人换上新衣，由长辈端来五谷斗，每人抓几粒撒上天祭神之后，再捏一点放在嘴里。之后家人互祝扎西德勒（吉祥如意）。藏历新年期间，人们穿上艳丽的服装，在广场上跳锅庄舞。亲朋好友互赠哈达，在春节期间用青稞酒、酥油茶和糕点招待宾朋。

蒙古族

蒙古族同汉族一样，年俗也有“小年”“大年”之说，十二月二十三为小年，过小年有祭火、祭灶的仪式。除夕夜和汉族一样，也有“守岁”风俗，全家团聚吃团圆饭，通宵不眠。过春节，蒙古族人民叫过“大年”。古时候将春节称为“白节”。如今，人们将农历正月叫做“白月”。大年初一拂晓时，首先叩拜天神，之后在家中向长辈敬献哈达，长辈对晚辈表达祝福。过年时，人们穿着鲜艳的衣服，骑上骏马，三五成群地相互拜年，途中互相赛马。在人过春节时，还要给牲畜过春节，正月初一早晨，在羊、马、牛额头上涂抹黄油，以求牲畜来年兴旺。

彝族

彝族年，彝语称为“库施”，过年时间由族中毕摩根据彝历选定。凉山地区彝族过年一般是过三天。第一天男子清洁祖宗灵位，洗刷祭祖用的餐具；女子起床第一件事是挑水回家，他们认为新年的第一碗水最为圣洁，预示着一年的平安，也有地区会将一碗水和昨天的水比重量，如新年的水重，就意味着当年雨水充足。接着，便举行“接祖”仪式，迎接祖先亡灵回家过年，以此表示不忘祖宗的养育之恩。第二天是拜年和举行各项庆祝活动，有野餐、赛马、摔跤等，喜庆热烈。第三天则是祭送祖先，过完年后要将祖先亡灵送走。

云南省双柏的彝族人过年时有“跳虎节”的特殊风俗，正月初八，全村成年男子集结起来，杀鸡敬献给土主神，之后由本村毕摩（巫师）祭土主请虎神。八位村民化装成老虎翩翩起舞，毕摩念过祭词，请虎神后，虎王会率领众老虎入村。他们认为，通过跳虎、祭祀虎神。可以祈祷祖宗保佑，全村才能五谷丰登，人丁兴旺。

（二）生产性节日

生产性节日，指的是在生产中，根据岁时季节变化和生产习俗惯制，所形成并传承下来的节日活动。例如二十四节气中的“立春、立夏、立秋、立冬”“春分、秋分”“冬至、夏至”，都是预报农事气候的。以冬至为例，我国古代十分重视冬至，有“冬至大过年”之说。周代，除日（年三十）和除夕不在年终，而是在冬至的前一日。那时的二十四节气，也是以冬至为首的。唐宋时，皇帝要在冬至祭天。至于民间百姓，《东京梦华录》云：“十一月冬至，京师最重此节，虽至贫者，一年之间，积累假借，至此日更易新衣，备办饮食，飨祀先祖。官放关扑，庆贺往来，一如年节。”可见古代对冬至的重视程度和人们过冬至的盛况。冬至节，各地食俗不同，长江中游两广一带盛行冬至日吃狗肉，四川讲究吃羊肉汤，北方中原地区地区则有“冬至饺子夏至面”之说，冬至日吃羊肉饺子，关外的满族旗人在冬至祭天，同时祭拜祖先，祭拜以后将祭拜的猪肉煮成白肉和大家分享，“吃白肉”就成为满族过冬至的特殊习俗。不论何种食俗，都主要是以养生进补为中心，因为冬至过后是天气最冷的时期，狗肉羊肉均有壮阳补体的效用。冬至后就进入了数九寒天，“数九”是我国民间特殊的农事节气，自冬至次日起，每九日为一组，过完九组八十一天，寒消春来，各地还流传有不同的《九九消寒歌》，通过歌谣来记录天气物候的各种变化，以四川为例："一九二九，怀中插手；三九四九，冻死猪狗；五九六九，沿河看柳；七九六十三，路上行人把衣担；八九七十二，猫狗卧阴地；九九八十一，庄稼老汉田中立。"

（三）祭祀性节日

祭祀性节日可以分为两类。第一类是与宗教相关，是以供奉神灵、祭祀先祖、驱邪避瘟为主要内容的，这一类在我国各民族节日中占据了很重要的部分。如蒙古族的敖包会，一般在农历七月十三，敖包是以石块堆积而成，蒙古人认为敖包是神灵所在，视其为草原的保护神。敖包大祭时，全部落的人都要参加，人们焚香叩拜，喇嘛念经祈福，之后举行赛马、射箭、摔跤等文娱活动。丽江纳西族的"三朵节"，三朵天神是纳西族的最高保护神，在每年的农历二月初八这天，当地纳西族人都要到白沙鱼龙村的北岳庙举行祭祀活动。还有农历四月初八的"浴佛节"，传说此日为佛祖诞辰日，佛寺要在此日以名贵香料浸水洗佛身，供以鲜花香果。又因为佛祖普度众生，连鸟兽鱼虫也受其恩泽，所以在此日要举行放生大会。第二类祭祀性节日，是为了纪念地方历史上备受尊敬的人物、民族英雄等。例如，前文所说的端午节，后期发展为纪念屈原的节日；已与清明节合为一体的寒食节，是为了纪念被烧死的介子推等。还有少数民族地区，贵州贵阳、龙里一带的苗族"四月八节"，是为了纪念自己的民族英雄亚努，传说亚努是在四月八日起义，为保卫自己的土地家园而牺牲，所以，四月八节又称为亚努节。

（四）游乐性节日

游乐性节日，多以联欢为主，同其他的节日中的歌舞表演不同，是以社交为目的，通过歌舞游艺活动而开展。例如云南屏边、蒙自等地的苗族"踩花山"，每年春节的初二到初六，男女老幼都身穿节日盛装，汇集到花山场上，围着花杆对歌、跳芦笙舞，小伙子们还有爬杆、摔跤的比赛，男女青年通过对歌互诉衷肠，游乐成为爱情的媒介。还有贵州清水江中游沿岸的"吃姊妹饭"节，也是十分具有代表性的游乐性节日。"吃姊妹饭"节，是由苗族的未婚姑娘主办，有的在二月十五日举行，也有的在三月十五日举行。节日前各寨要打扫卫生，准备充足的糯米饭。到时姑娘们自带姊妹饭和酒肉蔬菜进行会餐，外寨的男青年则来到寨里向姑娘们表示敬慕，姑娘们在游方坪上进行招待，夜晚对歌传情，合意者可以自定终身。村寨里还会举行盛大集会，吹笙、对歌、跳踩鼓舞。除了为青年男女提供社交场所外，游乐性节日还能够给人们提供物资交流机会，例如蒙古族的那达慕大会，除了举行赛马、摔跤等娱乐性活动外，牧民还会带上自己家的牛羊畜牧产品等，在大会期间交换商品。

二、节日特点：活动多样，贯穿伦理

（一）时间上——因时而别

我国岁时节日民俗产生之初，就带有农业文明的烙印。节期的确定本身，就是农业生产、生活规律的表现。所以，无论是汉族还是其他少数民族，无论采用的是何种历法，一年中的岁时节日都可以按照年、月、日排出固定的顺序，而人们的生产生活也可以沿着固定的轨道来进行。以汉族一年的主要传统节日为例：

春季万物复苏，人们在春节敬天祭祖后，就开始了各种农事准备活动。立春时鞭打春牛，劝勉农耕；二月二龙抬头，蛰龙升天，当播种育苗；二月十二花朝节百花生发；三月三上巳日，曲水流觞，临水祓禊；清明节踏青郊游，都是为了感应春天的生机勃勃。

夏季暑热渐长，农事渐忙，易生疾病。五月初五端午节，以艾叶雄黄辟邪驱恶；六月初六天贶节，藏水、晒衣，以迎盛夏；夏至之时，就开始数伏，以安排农事。

秋季瓜果成熟，为庆贺作物丰收，人们立秋时分食瓜果，荐新祭祖；中秋时赏月祭月；重阳节登高饮酒，敬老抚贫。

冬季农事将尽，仓足廪实。十月初一，送寒衣。冬至后，开始数九寒天，人们开始准备过冬事宜。及至腊八，喝完腊八粥，就开始忙年。一年循环往复，人们在以节日为关键点的时间轨道上有序地生活。

（二）地域上——因地而异

除了时序上的循环之外，节日还因为地域不同而有所区别。节日在形成之初，即受到了各地不同的季节、天气、物象的影响，在发展过程中，又因各地不同的民间信仰、人物传说产生了不同的节俗，这些不同随处可见。例如前文提到过的不同年俗，各地应节食品各有不同，北方吃饺子，南方包汤圆；又如各地的农事活动，山西农谚说：“谷雨前，不种棉；谷雨后，快种豆。”到了河南，就成了“谷雨前，先种棉；谷雨后，种瓜豆”，而贵州苗族地区，四月初八还有种棉节，除了对种植棉花的时间作大致要求外，还有相应的仪式来祈求丰收。与之类似的还有各地数九消寒歌的不同，充分反映出地域对于节日的影响。

（三）内容上——活动形式越发多样

传统节日按照功能来分，可以分为单一型和综合型两种，单一型指的是目的比较单一的岁时节日，这种节日往往活动范围狭小，活动内容比较单纯，例如二十四节气中的大部分节日，都是为了准确进行农事活动而设立，并没有其他含义；综合型节日则是指具有十分多样的目的和意义的节日，这种节日因为目的较多，往往活动时间较长、范围较广，内容也更加丰富。节日在发展过程中，呈现出由单一型向综合型发展的趋势。例如春节，最初是庆祝一年的丰收，主要活动也是为了敬天、祈年，但是经过长时间的发展，春节增加了祭祀先祖、阖家团圆、除旧迎新等活动，意义更加丰富化。节日习俗也越来越朝娱乐性方面发展，元宵观灯、清明踏青、中秋赏月、重阳登高，节日对于人们的意义逐渐由“敬神”转化为“娱己”。

（四）意义上——人情伦理贯穿始终

在节日习俗中，无论是汉族的春节、元宵、清明、端午、中秋，还是蒙古族的敖包大会、藏族的尝新节等，祭祖都是不可缺少的内容。人们在一年中的特殊时刻、在新谷丰收的日子、在举家欢乐的日子，都不会忘记追思先祖。通过种种活动，不断地强调着家族意识和血缘亲情，表达着后辈对先祖的追思和怀念。新年时的压岁钱、端午节的雄黄艾虎，无一不是长辈对儿孙的祝愿；腊八赠粥、元宵观灯，这些活动则是亲戚朋友邻里间维系良好关系的感情纽带；曲水流觞、赶歌走坡，都是男女交友结情的美好时刻。传统节日的众多习俗活动，都充满着人情和伦理，是维系民族感情、强调对民族和国家的归属感的重要方式。

第三节　人类权益驱动的现代节日

一、现代节日：外国影响，商家参与

现代节日，顾名思义是指近现代形成的节日。与传统岁时节日不同的是，现代节日的形成与农业文明和生产几乎没有什么关系，可以分为以下几种类型：

（一）公立纪念日

包括中华人民共和国成立后，由于适应现代生活需要或者在某种历史原因下规定的一些法定纪念日，例如3月8日“国际妇女节”、5月1日“国际劳动节”、5月4日“中国青年节”、6月1日“国际儿童节”、10月1日“国庆节”等。由于这些日子每年有固定的节期，也有相对固定的庆祝或者纪念活动，所以，也就具有了“节日”的形态。

（二）外国节日

随着中国经济的发展和改革开放的不断深入，不少的外国节日也逐渐被中国年轻人接受，影响也越来越广，如2月14日“情人节”等。而随着人们承受的生活压力越来越大，国外节日所追求的轻松、娱乐的氛围显然十分符合社会需求的变化。在商家的推波助澜下，“父亲节”“母亲节”等外国节日也相继流行起来。

（三）经济型节日

这一类型的节日是为了发展经贸、促进旅游等目的而人为造出的节日，例如每年八月的第二个周末开始的“青岛国际啤酒节”、每年春季举行的“龙泉国际桃花节”，以及各地层出不穷的“美食节”“书法节”“梨花节”“樱花节”“艺术节”等等。虽然对于节日举办地来说，这些节日对于促进旅游观光、发展经济、促进商贸等方面起到了不小的作用，但是它们始终是属于商家的节日，缺乏了节日必备的文化内涵，是否能够发展还是要经过时间的检验。

二、节日经济：金装玉裹，花样繁多

节日经济指的是在节日期间人们的消费模式，人们利用节日集中购物、旅游、消费，从而带动市场、拉动经济增长的一种经济现象和经济模式，节日经济对于经济的影响力不容忽视。以“十一”假期为例，1999年我国将“十一”假期调整为七天，而当年全国在“十一”期间出游人次为2 800多万，旅游收入达到141亿元，“五一”假期和“十一”假期也被人们称为“黄金周”。我国在2008年将清明、端午、中秋三个传统节日设为法定节假日，以唤起人们对于传统节日的重视。商家紧紧抓住这一契机，端午节商场里各种口味的粽子、中秋节包装精美的月饼，将过节的氛围炒得火热。但是随着节日经济的不断发展，也出现了一些负面现象：传统节日的人文内涵常常被商业化的产品包装所掩盖，节日在一些地方，一些人眼中成为了“吃喝节”“购物节”，对于传统文化的继承和发展没有起到预想中的作用；同时由于人们的消费时间和物品过于集中，导致交通压力过大，服务质量也得不到保证，等等。如何规避这些负面作用，在商品化的趋势下怎样保护传统节日，使节日文化传承和经济发展达到双赢，也是今后民俗学应该注意研究的一个方面。

思考题：

1. 节日的种类有哪些？
2. 如何看待商品化趋势下的节日传承？

扩展书目

[1] 胡起望. 中国少数民族节日. 北京：中国国际广播出版社，2011.
[2] 张海英. 中国传统节日与文化. 太原：书海出版社，2006.

第五讲 人生礼俗

人生礼俗是指与人一生都息息相关的重要仪礼，主要有诞生仪礼、成年仪礼、婚礼、丧葬仪礼。此外，表明进入重要年龄阶段的祝寿仪式和一年一次的生日庆贺举动，也可以视为人生礼俗的内容。

人生礼俗是将个体生命加以社会化的程序规范和阶段性标志。国际上，民俗学家称之为“通过仪礼”。每个人的社会属性都是通过人生各个阶段的特定仪式作为标志，以便获得社会的认可和评价。早期的民俗学家范·热纳把人生仪礼分为三类，即“脱离仪式”，如婴儿脱离母体表明脱离了孕育状态，诞生礼就属于脱离仪礼；“过渡仪礼”，如出生到成年之间、结婚到死亡之间所经历的仪式都属此类；“进入新状况的仪礼”，如成年礼、婚礼等都是进入人生新阶段的标志。

我国国土面积广阔，民族众多，因此，中国人的人生仪礼与世界上其他国家和民族有许多不同之处，呈现出丰富多彩的形态。又由于人生仪礼在实践过程中往往与民间信仰发生极大的关联，仪式中呈现的社会特性与民间信仰特征经常交织在一起，形成复杂、多样的民俗结构，这种情况在我国的人生仪礼中表现得也十分突出。

第一节　丰富多彩的诞生礼

诞生礼俗是人一生的开端礼，被称为“摇篮边的礼仪”。一个婴儿刚出生，还仅仅是一个生物意义上的存在，只有通过为他举办诞生仪式，才能使之被社会承认，成为一个真正意义上的“人”。我国传统的诞生礼，因地域之别而呈现出不同的形态。但总的来看，大体包括求子仪式、孕期习俗、庆贺生子三个阶段。

一、求子仪式：诸法各异，各显神通

生儿育女是人类得以繁衍的根本所在。古语说：“不孝有三，无后为大。”这句古训在一定程度上道出了民间老百姓的普遍心态。人们为了家族繁衍，传宗接代，盼望早生贵子。如果夫妇婚后不孕不育，旧时的人们不但要求医问药，而且要向“送子娘娘”祈愿求子。民间虚造有主管生育的神灵、偶像，如碧霞元君、送子观音、子孙娘娘、张仙等。不育妇女常常带着香烛、纸蜡等前去向神灵祈福，求得生子。故中国寺庙内的“求子塔”“求子台”“求子亭”一直香火不断，求子者络绎不绝。

图 5.1　送子娘娘

1. 拴童子

民间传说“送子娘娘”是东岳大帝的妻子，主管人间生育。“送子娘娘”往往被塑成慈眉善目的妇女。面色红润，双手抱着一个白白胖胖的婴儿，周围聚集了 360 个童子，有每天向人间送一子的寓意。

来庙里求子的妇女在进香之后，就会跪在“送子娘娘”面前，述说自己的求子的心愿，之后就用一根红线拴住自己最满意的童子，嘴里还念念有词，说一些“乖宝宝，跟妈妈回家”之类的话。据说这样求子的愿望就可以实现了。民间称为“拴童子”。

在天津，天后宫的道士们准备了大量的泥娃娃，均是泥塑艺人所塑，一个个惟妙惟肖，神态各异。凡来求子的妇女在许愿供奉之后，就来到“娃娃山”，自己看中哪个小泥娃，就用一根红绒绳系在它的脖颈上，偷偷带回家中。如果以后真生了个儿子，这个拴来的泥娃就被尊为大哥，生的小孩叫老二，因此天津排行第二的人特别多。

2. 投石求子

我国很多地方都有投石入石洞或树洞求子的习俗，一些外观像女阴的石洞或树洞被当地人称为“打儿洞”（或“打儿窝”），想求子的人在洞边祭拜后，站在离洞几米甚至十几米开外的地方向洞内投石子或钱币，认为只要能将石

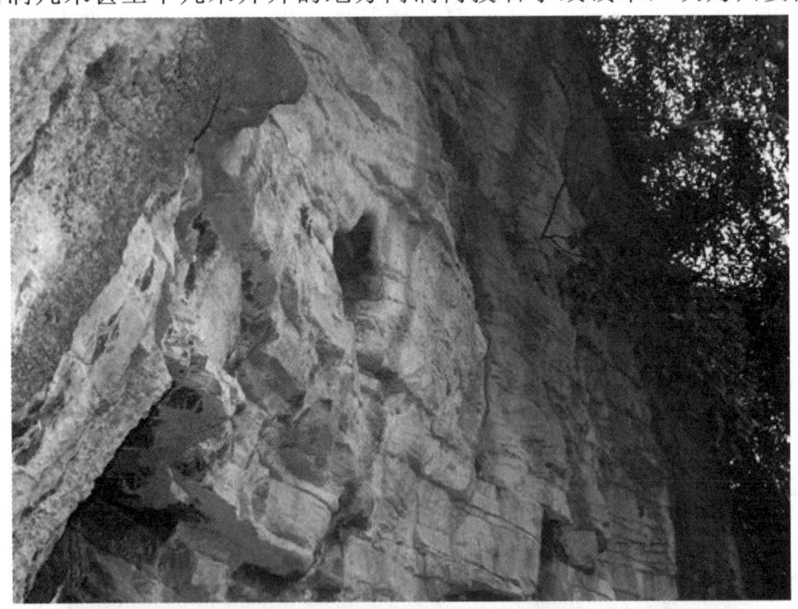

图 5.2　投石求子的打儿洞

（重庆旅游网 http：//www.123369.com/lvyouzhinan/znchongqing/lvyouzhinan_20110306330.html）

子、钱币投中洞内就可得子。四川资阳的唐代石刻大佛上现在都还保留了这样的“打儿洞”。元代的《岁华纪丽谱》记成都岁时风俗时曾说：“三月三日出北门，宴射学山。……山有小池，士女探石其中，以占求子之祥。”可见此俗的久远和普遍。重庆也有这样的习俗，图 5.2 为重庆东温泉翠屏丹青送子峰的打儿洞。其洞大如盆，外圆内凹，藏于峥嵘怪石间。

图 5.3 凉山盐源县公母山之公山（毛建华摄）

图 5.4 凉山盐源县公母山之母山（毛建华摄）

3. 抢童子

在所有的求子习俗活动中，最热闹的就数每年农历三月初三的“抢童子”了。因为农历三月三这天正好是传说中送子娘娘的生日，届时人们会举行一场“娘娘会”。

会前，会首就请专人用木头雕几个四五寸长“小童子”，再给童子拴上红线，送到寺庙开光，供在庙里备用。娘娘会举行的当日，进香完毕，会有专人将这些童偶抛给进香的人。由于求子心切，抢夺之时，人们全然不顾平日的羞涩，你争我抢，煞是热闹。

抢到“童子”的人们，就会于当晚张灯结彩，敲锣打鼓把“童子”送到没有孩子的亲戚朋友家里。接受“童子”的夫妇会恭敬虔诚地出迎“童子”，放在神龛上供奉起来。主人还要大宴宾客，发送赏钱，这气氛有时比真得到儿子还热闹。

另外，我国的一些少数民族妇女也有类似祈求神灵保佑怀孕的习俗。例如，赫哲族的已婚妇女，年过二十七八岁不育者，家人就要请“萨满”（萨满教巫师）跳神，求神赐子赐女。

二、孕期习俗：孕期禁忌，花样繁多

1. 孕妇禁忌

古代妇女在有孕之后，民间常称之为“有喜”“害口”等。孕妇在怀孕期间有很多民间禁忌。例如，潮汕地区，孕妇忌修葺房屋、拆窗、砌灶等，唯恐触动了胎神。忌搬动大型家具、器物，更忌安床，认为这样会导致流产、滑胎。忌接近丧事，如见棺木、祭祀等，怕冲伤胎儿。忌讳到结婚场合见到新娘，认为会冲克新娘。在饮食方面，忌食蟹类，怕出生的婴儿“手脚无时歇”；禁食苦瓜，因为吃了苦瓜，怕胎儿将来皮肤粗糙，等等。上述这些禁忌都反映出人们在过去对孕妇流产、难产及生残缺儿等现象不能做出科学的解释。当然，也有一些禁忌对妇女的身体有一定的益处，例如少去公共场合，节制房事等。

2. 催生习俗

我国各地有很多催生的习俗。一般当女儿嫁到婆家之后，娘家人就开始要为女儿忙活准备了。首先要准备的就是小儿的衣物和女儿坐月子期间的食物。女儿临产时，小孩未来的外婆必须去看望女儿，这就是民间所说的“催生”，据说只有这样女儿才能顺利生产。母亲还会嘱咐女儿：“如果过了预产期还未生产，就把自己的衣箱打开一会，便会顺利生子。”这是感应巫术遗下的旧俗。

生产的时候，孕妇出现难产，在一旁守候的家人就得在接生婆的指挥下一齐吆喝。家人一边敲着蒿杆，一边吆喝，或者一边用扫把敲簸箕，一边“喏喏”地叫唤。据说这样的吆喝可以起到催生的作用。

另外，在四川，还有用点“七星灯”保佑产妇生产的习俗。孕妇临产的时候，为了避免出现难产，家人就会在产床前点燃“七星灯”，将所有的抽屉和柜子都关严，据说这样就可以让产妇顺利生产。

3. 接生方式

旧时孕妇要分娩时，常常请接生婆在自己家里分娩。由于对血污有所忌讳，很多地方不准婴儿生在床上，害怕冲撞了床神。因此，有的地区就让产妇坐在盆上生产，称之为“临盆”。蒙阴等地大多在床前铺上谷草，让婴儿生在草上，称之为“落草”。对于胞衣（婴儿胎盘），有的地区极为珍视。例如客家人依照俗规，胞衣应由祖母拿出去，在自家祖居地范围内找个僻静之地悄悄埋掉，埋藏地点，则是绝对保密的。但也有一些地区专门埋在路口，任行人踩踏。

三、庆贺生子习俗：欢天喜地，祈福消灾

1. 染红鸡蛋早报喜

婴儿降生以后，除了向产妇的娘家专门报喜以外，其他亲友一般不再通报，产房或者临街的大门上会挂上一桃枝，上系一红布条，谓之“挑红”，或者再在桃枝上串以枣、栗、葱、钱等物。意思是，以桃谐逃，谓逃脱灾难；以枣谐早，栗谐立，谓早年成立；以葱谐聪，钱喻财，谓聪明而多财。“挑红”的时间，一般在婴儿降生的当天，或者第三天。

小孩出生之后，女婿还要带上染红的鸡蛋到岳母家里报喜。在送鸡蛋的数量上也很有讲究，如果送去的鸡蛋是单数就表示家里生了一个儿子，双数就代表生的是女儿。另外有些地方还保留着“提鸡报喜”的习俗。也就是说，如果见报喜的手上提的是只公鸡，就表示家中生的是男孩。如果提的是母鸡，大家就知道是生了女孩。这些鸡蛋不仅要送给家里的亲戚，还要送给前来贺喜的宾客。娘家人接到喜蛋后，就要把早已准备好的小孩的衣服、鞋帽还有女儿坐月子时要吃的红糖、鸡蛋、糯米等都送去。

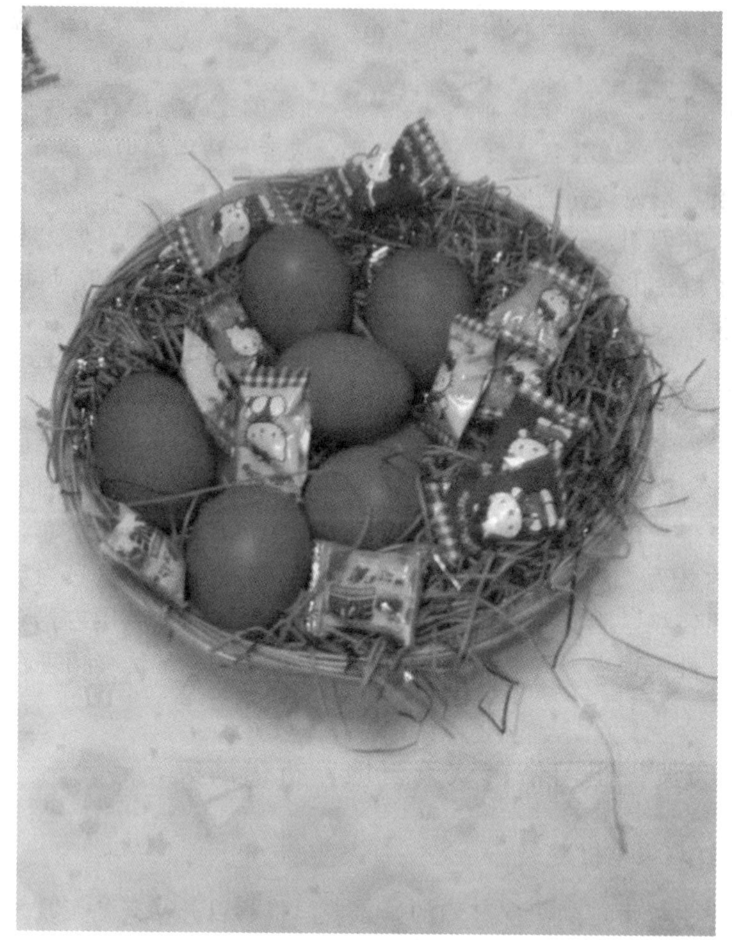

图 5.7　染红鸡蛋早报喜

（http：//image.baidu.com/）

2. 男不“打三朝”

小孩出生后的第三天，家里人就要为他洗澡，称“洗三”。通常情况下，人们会在澡盆里放入喜蛋、金银首饰等物品以求吉利。洗儿用的水也很有讲究，通常都会加入一些中草药。洗完之后，为了避免婴儿生疮疥，还要用喜蛋滚摩婴儿的头顶。

“洗三”这天，外婆和远近的亲友都要来道喜。人们会提上鸡蛋、红糖等“月礼”问候产妇。客人们逗逗小孩，说些祝福的话。外婆还要给小孩送上银钱或银圈。看完孩子之后，主人就要请客人吃红蛋或醪糟蛋，寓意同喜。当亲戚朋友们走的时候，还要为他们准备一些红蛋带走。这就是民间所说的“打三朝”，又叫吃“三朝酒”。因为民间有“男不打三朝”这样的说法，所以参加的人都是妇女。

3. 胎发撮团挂中梁

婴儿满月的时候，各家各户都要举办“满月酒”。亲戚朋友们都会带上礼品来看望小孩。主人也会尽其所有，盛情款待客人。为了庆贺孩子满月，外婆和舅舅还会抱上小孩到大街上去走一圈。到小孩40天的时候，家人就要为小孩剃头。这个时候，按照规定父母是不能在旁边的。剃完头后，就把这一缕缕的头发撮成团，然后用红绿花线拴起来，挂在家中堂屋的梁上，以求神灵的庇佑。

4. “抓周”卜前程

小孩满周岁时，家里要为他行“抓周”仪礼，预测小儿的志向和前途。届时，先给宝宝洗澡，换上新衣服，把各种玩具和一些象征物品，比如文房四宝、彩绸花朵、剪刀尺子等放在桌上，然后就将小孩置于其中，任凭他自己抓取，最后就凭小孩抓着的物品来预卜他的前程。

5. 认个保保求平安

川西民间有句俗话：“拜个好保保，平安活到老。”说的是一个很有特色的习俗：“拉保保”。“保保”就是“干爹”，顾名思义，“拉保保”就是“认干爹”，就是给小孩认一个属相匹配的长辈，让小孩多有一个保护人，以求消灾免祸，顺利成长。

“拉保保”这个习俗由来已久，四川城乡极为盛行。每年农历的正月十六，广汉还要举行盛大的“保保节”。“拉保保”这项活动最让人忍俊不禁的就在这个“拉”上。这种略带强迫性的“拉”，正是“保保节”热闹的原因之一。小孩的父母会雇人在“保保节”上挑颇有福相的中年男子。男子一旦被挑上，就会被拉保保的扣上小孩戴的猪头帽。如果这男子属相与小孩相配，愿意给小孩当保保，就会被要求给“干女儿”或“干儿子”取一个小名，干亲家双方互赠礼物。有的礼毕之后就各自分手，也有后来真的认作干亲戚，长久往来。

在新津县，这种“拜保保”的习俗叫“撞门关”。先经算命先生算卦，父母带上小孩，按照算命先生的指点，到指定的地点，准备好酒菜，摆好香烛等候，等到的第一个成年男性，就被认成“保保”，只要属相相配，保保们都会应允的。

第二节 典雅庄重的成人礼

成年仪礼是为了承认年轻人具有进入社会能力和资格所举行的仪礼。中国一些少数民族的成年礼仪还有比较明显的保留。成年礼仪是人生礼仪中最为重要，并且具有多重特性的礼仪，是一种普遍存在的文化现象。在中国传统社会中的尊卑长幼秩序中，在超出亲属辈分的情况下，年龄层次是决定一个人社会地位的重要标尺。

一、汉族的成人礼：男加冠来，女加笄

古代汉族男子行冠礼，女子成年则有笄礼。古代男子二十岁加冠礼，表示成年。汉代刘向《说苑·修文》："冠者，所以别成人也……君子始冠，必祝成礼，加冠以厉其心。"后来就以"加冠"指满二十岁。古代男子成年时（二十岁）加冠的礼节在宗庙中进行，由父亲主持，并由指定的贵宾给行冠礼的青年加冠。《礼记·曲礼》中说："女子许嫁，笄而字。"可见女子是在许嫁之后举行笄礼、取表字。笄礼的年龄小于冠礼，《礼记·杂记》中说："女子十有五年许嫁，笄而字。"

二、少数民族的成人礼：男换裤来，女换裙

在四川的大小凉山，彝族的少女在十五岁至十七岁的时候，要举行成年礼——"换裙"。彝语叫"沙拉洛"。意思是脱下童年的裙子，换上成年裙子。行"换裙"礼之前，彝族少女穿着红白相间的裙子，梳着一根独辫，耳朵上挂着穿耳线。行完"换裙"礼，穿的已是三节拖地长裙，独辫梳成双辫，戴上了绣花的头帕和耳坠，标志着姑娘已经成年。

行完"换裙"礼的少女，从此可以自由自在逛街、赶场和谈恋爱了。但"换裙"之前的少女，在村子里是受到严格保护的，任何男子不准调戏。如果发生此类事件，男子就会受到村寨习惯法的严厉惩戒。

母亲对女儿的"换裙"仪礼最操心，日期一经选定，就开始忙活。"换裙"的时间是根据少女生理发育情况来定的，当第一次月经初潮之后就开始筹备。且都是选择单岁来办，在他们看来，选择双岁"换裙"会终身不吉利。选定日期后，母亲要为女儿准备好头上戴的花边黑色哈帕、新裙，以及各式各样的珠子和领上的银牌等饰品。

"换裙"这天非常热闹，主人会大宴宾客。按照当地的规矩，举行"换裙"仪式的时候，男宾不能在场，只有女性亲友参加。在仪式的过程中，各地有

不同的风俗。有的地方仅由妇女们说些逗笑少女的风流话和祝愿词，有的地方则一直在歌声和笑声中进行。往往会由为首的姑娘用歌声审问“换裙”的少女，问她一些个人隐私的问题。比如你到底喜欢谁？喜欢他什么？这个人在哪儿？“换裙”少女都不回答，只是低着头羞答答地坐着，规规矩矩接受“审问”。问题由坐在少女身边的姑娘作答。最后，为首的姑娘要唱一首歌：“要戴银牌要亲手系，要戴珠链要亲友串，要找知心人要亲自选。”唱完、闹完之后，便请一位福分好的妇女给“换裙”者梳头、戴哈帕（将原来梳在脑后的单辫梳结到前面来，正中分开，在耳后梳成双辫，再戴上哈帕），佩上艳丽的耳珠，最后换上三节拖地长裙。“换裙”仪式结束后，男子就可以参加欢宴。大家席地而坐，开怀畅饮。

四川纳西族、摩梭人把男子的成年礼叫做“穿裤子礼”。行此礼后，就标志着该小伙子已成人，可以在村寨中参加各种社交活动，享受成年人的一切权利。与此同时也要对整个寨子承担起作为成年人该尽的义务和责任。

羌族的男子一般会在十六到十八岁之间行成年礼。当然这个年龄也不是绝对的，还要根据他生理发育的具体情况和他的实际劳动能力来决定。仪式一般会请村寨中德高望重的“释比”主持。

行礼前，清扫整个房屋，除去不祥之物。成年礼开始，释比杀鸡宰羊以祭天神，来参加仪式的亲族围着火塘坐在一起。然后，释比拿杉杆向神灵跪下，拜祭天神、山神等神灵。受礼的小伙子穿上崭新的衣服向祖先牌位行跪拜之礼。礼毕，释比就将白公羊毛和五色的布条作为赠礼系在受冠男子的颈上，这个过程象征着始祖的关怀和整个家族命根有系。仪式要结束的时候，释比要唱一些和冠礼有关的经典，或请村寨的长者唱诵羌族的史诗。

在四川茂县、北川等地的羌寨，男子的成年礼不在自己家中举行，而是把各家适龄的青年聚集在一起，在每年一度全寨祭山的时候举行。这样就会让这个仪式更具社会意义。

第三节　绚烂多姿的婚礼

婚姻是维系人类自身繁衍和社会延续的最基本制度。早在原始社会时期，就存在着一套决定两性关系的复杂规矩。婚礼，是人一生中的“终身大事”，其在人生过渡中的地位非常重要，古今中外都非常重视这一人生仪礼。因此，许多丰富多彩、各具特色的婚俗文化便应运而生。所谓婚俗文化，是指围绕人们的恋爱、嫁娶所形成的文化现象，其核心部分是婚姻。

一、传统的恋爱习俗：父母之命，媒妁之言

恋爱习俗，专指婚前男女相互爱慕的行为，是婚俗文化的重要内容之一。在我国古代，汉族婚姻一般由父母包办，所谓“父母之命，媒妁之言”，很少有自由恋爱，平时也禁止男女青年自由交往，但在某一时期要举行一次特殊的活动。在这样的活动中，男女青年可以自由选择恋人。例如，据《周礼·地官》记载：“中春之月，令会男女于是时也，奔者不禁。司男女之无夫家者而会之。”文献中就反映了先秦时期郑国等地的恋爱习俗，即在每年农历二月春暖花开的时候，由官员组织青年男女举行一次露天活动。在这样的活动中，男女青年可以自由地选择恋人，甚至当场私奔也是允许的。《诗经·郑风·溱洧》《鄘风·桑中》等篇中，也都记载了这样的恋爱习俗。

中国古代无媒不成婚。《诗经·卫风·氓》中所说“匪我愆期，子无良媒”，即是这个意思。在中国神话传说中，最早的媒人是女娲。《风俗通》中记载：“女娲祷祠神，祈而为女媒，因置昏姻。”另外，周代还设有官媒，专司判合之事。据《周礼·地官》记载：“媒氏掌万民之判。凡男女自成名以上，皆书年月日名焉。令男三十而娶，女二十而嫁。凡娶判妻入子者，书之。汉代以后，凡男女婚姻，均须“父母之命，媒妁之言”。如果“不待父母之命，媒妁之言，钻穴隙相窥，则父母国人皆贱之”（《孟子·滕文公下》）。所谓的“媒”，是指谋合二姓之义；妁，则指斟酌二姓之义。媒人就成为男女婚姻中必不可少的中间人。到了唐代，民间神话中又出现了专司婚姻之神的月下老人。后世就称媒人为“月下老人”，或简称“月老”。

二、传统的婚姻形态和仪礼：形态万千，礼仪多样

在我国因地区和民族的不同，出现了很多婚姻形态。在古代，一般的婚姻形态是一夫一妻制婚姻制度，从大汶口文化男女合葬墓址上可以看出，早在公元前3000年左右伴随着私有制的产生，这种婚姻制与父系家族制度便已出现。但这个制度从产生之日起便有其特殊的性质，使它成为只对妇女而不是对男子的一夫一妻制。从择偶范围上看，“同姓不婚”被作为规则，“门当户对”是一种择偶的理想标准。

除一般婚姻形态之外，还有一些比较特殊的婚姻形式，比如抢婚、童养婚、指腹婚、冥婚、买卖婚、转房婚、不落夫家、入赘婚、表亲婚等。表亲婚是古代上层社会较为流行的一种婚姻形式，俗称“亲上加亲”。表亲婚的对

象一般是姑表或姨表兄妹。如《红楼梦》中的宝玉和黛玉是姑表兄妹，而宝玉与宝钗则是姨表姐弟。

我国各地区、各民族的婚姻仪礼形态多种多样，关于婚姻礼仪，中国古代有“六礼”之说，即纳彩、问名、纳吉、纳征、请期、亲迎。

纳彩，六礼中的首礼，是指男家请媒人到女方家提亲，若女家同意议婚，则男方正式向女方求婚。得到应允后，再请媒人正式向女家纳“采择之礼”。

问名，六礼中第二礼，是指男家托媒人询问女方的姓名和生辰八字，以准备合婚。《仪礼·士昏礼》：“宾执雁，请问名；主人许，宾入授。”郑玄注：“问名者，将归卜其吉凶。”贾公彦疏：“问名者，问女之姓氏。”若女家同意，则授礼；男家即通过占卜测定吉凶。如果男女八字相合，则进行下一步。

纳吉，六礼中第三礼。是指男家问名、合八字后，将卜婚的吉兆通知女家，并送礼表示要订婚的礼仪。古代也是以雁为礼。后世则多以金银首饰等物为礼。相当于现在的定婚，俗称送定、过定、定聘。

纳征，六礼中的第四礼。是指男家将聘礼送至女家，又称纳币、大聘、过大礼等。历代纳征的礼物各有不同，民间多用首饰、细帛等为女行聘，谓之纳币，后来演变为财礼。

请期，六礼中第五礼，是指男家派人到女家去通知成亲迎娶的日期。俗称“选日子”“提日子”。

亲迎，六礼中第六礼，是指新郎迎娶新娘的礼仪。其方式、礼节各不相同，但一般都是男子亲往女家迎亲。这一过程，是婚俗文化中最富于民俗色彩的内容之一。

古代汉族富家子女结婚，一般都严格遵循六礼的步骤，而一般人家结婚则大多从简。后世的婚礼大致沿袭了六礼的过程，只是繁简略有差异。

三、少数民族的特殊婚俗：爬楼谈婚，传情达意

美丽的泸沽湖畔居住着一群摩梭人，他们奇特的婚俗曾吸引世人关注。在一些摩梭人中存在“走婚”的习俗，男女双方如果有了这种走婚的关系，就彼此称为“阿肖”。汉语的意思就是有夫妻意义的情侣。这种婚姻形式没有任何法律的约束，但是也绝不是群婚，更不是乱婚。结交阿肖的时候也有一定的限制，比如近亲之间就严禁结交。同时规定，一个女孩不能在同一时间结交多个阿肖，同样的道理，一个男子也不能在同一时间与多个女子结成阿肖。

结交阿肖以双方的情感为基础，女方的情感一般起决定作用。如果双方情投意合，就能结成阿肖，父母也乐见其成。建立阿肖关系不需要任何手续，通常情况下，双方私下交换信物就可以确立，如随身的手镯或戒指，或鞋垫

腰带。一旦交换了信物，双方就确定了阿肖关系，晚上，男方就可以走婚了。

以这样的方式结交阿肖，都要经过一段比较隐秘的走婚过程，男方常常在夜深人静的时候或徒步或骑马来到女方家中，按照事先约好的暗号与女方接头。如抛石子到房顶，或吹奏笛子，或用烟斗敲门。次日晨，天还没亮，男方就不得不离去。经过一段时间的秘密走婚之后，女方就会把男方公开。这样男方也就可以堂堂正正地公开走访女方，在女方家登堂入室，喝茶聊天。

走婚形式生下的孩子按照习俗都是跟着自己的母亲生活，同时也随母亲的姓。父亲不承担任何抚养义务。孩子通常情况下都是由家中的母亲、舅舅等抚养。孩子长大成人之后也会对老人尽赡养义务。男阿肖虽然不直接抚养孩子，但是在生产或生活上要给予一定的帮助。对于男阿肖而言，他的主要精力是照顾家中的母亲、姐妹和外甥，也会尽力帮助女阿肖抚养自己的孩子。

四川凉山彝族自治州的抢婚习俗很有特色。抢婚分为两类，一类是暴力抢婚，一类是模拟抢婚。暴力抢婚是指不经过媒聘，直接诉诸武力的抢婚。抢到女人之后再通过媒人说合，如果女方家答应了这门婚事，就可以正式结婚。如果不答应，两家结下怨恨，甚至引发“打冤家”。这种暴力抢婚的习俗如今已基本绝迹。

更多的情况下是模拟抢婚，有很浓郁的喜剧色彩，会给整个婚礼增添更多的欢乐。迎亲了，男方家在亲友中挑选精壮男子数人，由新郎的兄弟带领，赶上一头猪，抬一桶酒，到女家去迎亲。这支队伍在女方家里要经受种种考验。第一个考验是接受“洗礼”，新娘的姐妹和至亲好友早就准备好了水，专等男方家接亲的到来。接亲的队伍一到，一瓢瓢、一盆盆清水就劈头盖脸泼来。顿时、迎亲者都成了落汤鸡。迎亲者不会有半点怨言。在一片欢闹声中，迎亲者乘着混乱冲进屋里，或抢过对方手中的水桶反泼过去。这种水战打得难解难分，往往是尽兴而止。

这边的水战还未停息，那边的摸黑战又开始了。正当迎亲者被泼得无处藏身之时，新娘的女友们又用和着辣椒面的锅烟，趁迎亲者毫无准备的时候，涂到他们脸上，引起人们的开怀大笑。

一阵骚乱之后，迎亲者抢到了新娘，并将新娘背到屋外一间临时搭起的草棚里，为她梳洗打扮，更换嫁衣。这时起，新娘开始禁食。女家便备酒款待迎亲的客人。酒宴上有彝族传统的摔跤表演。先是小孩摔，接着是男女双方两家来客中的年轻小伙子摔，双方亲友拍手欢呼助兴。赛后新搭的草棚被拆去，新娘被背入屋内由姐妹们陪着哭嫁。迎亲的人们在亲戚们的陪伴下开怀畅饮，欢歌达旦。

有的地方，在第二天早饭后行抢背新娘的仪式，男方选一个身强力壮的小伙子当主角，扎紧身上的察尔瓦，头上顶着披毡，在男方家的小伙子们的掩护下，冲向新娘处抢背新娘。女方家的姑娘们围成圈护着新娘不被抢走，她们有的用锅烟往抢新娘的小伙子的脸上涂，有的用水泼，有的甚至用木棍打。抢新娘的小伙子们会奋不顾身，突破重围，抢到新娘。彝族俗规，一旦新娘被抢背成功，女家的姑娘们就应停止对男家小伙子们的围攻刁难。由舅舅及众亲友组成的送亲队伍，就会随着男家的迎亲队伍，送新娘去男家。

按彝族的习惯，在男家行婚礼后第三天，新娘随送亲队伍返回娘家，俗称“回门”。新郎要带上酒肉款待女方亲戚。然后新郎独自回家，等新娘在娘家举行献神仪式后再请迎回男家。

第四节 形态各异的葬礼

葬俗是一种独特而又神秘的文化。在中国几千年的历史中，绝大部分人都不认为死是生命的结束，而是将它看成人生旅程的一种转换，即从“阳世”转换到了“阴世”。中国人认为死亡只是人的躯体停止循环，而灵魂并没有消亡，人的灵魂会去到另外一个世界。从死亡到丧葬的仪礼，即以这样的观念为出发点，葬礼被看作将死者的灵魂送往死者世界的必经手续。

一、“入土为安”的土葬

土葬是中国汉族最为常见的一种葬式。在中国人的传统观念中始终认为“入土为安”，人们认为死者入土是人的必然归宿。《周礼》中“众生必死，死必归土”。《礼运》中说“魂气归于天，形魄归于地”。不难看出，古人认为人死后形体埋入地下，脱离形体的灵魂才可以归于天。因而，从旧石器时代一直到现代，人们在埋葬死者的时候，都会为之准备大量的随葬品。

二、依青山生，入碧水眠

在藏区，有水葬的习俗。人死之后，一旦要举行水葬，就要请喇嘛先在家中念经超度，然后再把死人装入木箱；或者不装木箱，直接把人捆成胎儿状停放经堂中。请喇嘛念经，之后背到水葬的河边进行水葬。

一般水葬都会选择比较偏僻且水深流急的地方。如果遇到冬季枯水期，还要把尸体放在河边等到涨水之后再进行水葬。水葬之后会在河岸插上“嘛哩旗”向世人昭示。各地的水葬习俗也不尽相同。

三、要回天国去，神鹰来帮忙

天葬是藏族地区的主要葬俗，又称“鸟葬”。据考证，原始天葬，是弃尸于野。随着佛教的传入，天葬才终被仪式化。

天葬的仪礼从弥留之际开始。当临终者弥留之际，家人就要给他喂一颗高僧念过咒语的“津丹”。这种津丹是用西藏名贵的药材掺拌着活佛的头发、指甲等秘制而成的。在他们看来，这种津丹可以帮助垂死者断其“内气”，让他的灵魂得到超度。服下“津丹”后，由喇嘛念经，帮助临终者安然死去。这个时候，家人不能守在临终者身旁，因为他们认为如果家人在旁边就会搅乱临终者的心境，不利于转世。

死者咽气后，人们用一张白帕子盖住死者的脸，由喇嘛为死者做“抛哇”仪式，即帮助死者的灵魂从头盖骨溢出升天，而不是从身下排出进入地狱。

停丧期间，丧家在家门口放一陶罐，陶罐中加入柏枝，糌粑和血、肉、脂三荤，乳、酪、酥三素，行“煨桑”礼。停丧期间，亲友们不能参加任何娱乐活动，看好猫狗，不能让猫狗接近遗体。

三天后出殡，届时，亲人们将捆成胎儿状的尸体盖上白氆氇。小心地背过一段路，交给专门的背尸人。人们认为，在路途中，千万不能将死者中途放下。到了天葬场，先行“煨桑”。随着桑烟缕缕升起，成百上千的秃鹫从远近各处飞来，人们希望这种灵物能将他们的身体和灵魂带到纯净的天空。天葬师行分尸仪式，喂食神鹰。可以说，这种独特的葬俗与藏族人向往的纯净，空灵的境界是相符合的。

四、圣火除腌臜，“擦擦”求吉祥

火葬也是藏区常见的丧葬方式之一。在马尔康、金川、小金、理县一带比较盛行。火葬一般会选择在平旷的山坡上举行，亲人们在山坡上堆上柴火，浇上酥油，然后就把尸体放在火上焚烧。有的地方还会有专门的火葬场地。

火葬一般在晚上进行，第二天黎明，火葬就完成了。亲人们把烧剩下的骨头要么扬弃山坡，要么就保留在事先准备好的陶罐中再行土葬。为了让死者的灵魂得到超度，亲人们还要为死者“打擦擦”。“擦擦”是用黏土和上骨灰，用寺庙里专用的模具，做成有经文的坯子，阴干后就成了“擦擦”。在做好的“擦擦”上，亲人要放上三颗青稞，再把它放在岩穴中，或者寄放在寺庙里。打“擦擦”的数量很有讲究，一般要请喇嘛念经卜卦来决定打的数量，且数量只能成单，不能成双。

五、以船为棺，追寻故土祖先

船棺葬是古巴蜀人所实行的一种特殊葬俗，历史久远，可以追溯到战国至西汉时期。四川境内，东至重庆、西到蒲江、北及广元，都有船棺葬遗址被发现。近年来，成都金沙遗址，巴县冬笋坝和昭化县宝轮院发现了大片的船棺墓葬群，船棺外形硕大笨重，一般是用整段楠木刳凿或用六块整板拼合而成，且有木板为盖。

俗传，采用这种葬俗是这些部族相信，以船为棺，就可以回到祖先的故土，与祖先们团聚。其实这种葬俗涉及的地域很广，东南亚及太平洋的一些岛屿也发现了此种葬俗，如越南海防等地发现船棺葬，婆罗洲有船形棺，所罗门群岛的重要人物死去，迄今也行船棺葬。

六、崖墓“装修”多精美，生于斯也守于斯

在山崖或者岩层中开凿洞穴为墓室的一种葬法，俗称崖墓葬。中国的崖葬主要分布在：福建、浙江、江西、贵州、广西、四川东南的长江及其支流沿岸等。崖墓葬的流行时代从东汉至明清，历代都有。这样的洞穴，民间俗称“蛮洞”。这些崖墓，往往是成片分布，几十座聚集在一起，错落有致。一些崖墓还设计了多重墓室，十分精巧。在墓的门上、壁上以及墓中的棺木上都刻有精美的图案或画像。四川境内最著名的崖墓是乐山市凌云山的麻浩崖墓，其中画像石刻都反映了汉代蜀地人民的生活习俗，有极高的艺术和历史价值。

七、悬棺凌空挂，这又是为啥?

悬棺葬是中国南方古代少数民族的葬式之一，属于崖葬的一种。它的基本形式是在悬崖上凿孔以插入木桩，将棺木置其上；或将棺木一头置于崖穴中，另一头置于绝壁所钉木桩上。人在崖下可见棺木，故名“悬棺”。 悬棺葬在我国东南江浙一带到西南四川、贵州等广大区域内都有分布，主要存在于福建武夷山地区和四川与云南交界的珙县、兴文、筠连、镇雄、昭通等县。但无论是从分布面积、数量还是从延续时间、类型、保存这几个方面来看，四川的悬棺葬在我国都是首屈一指的。

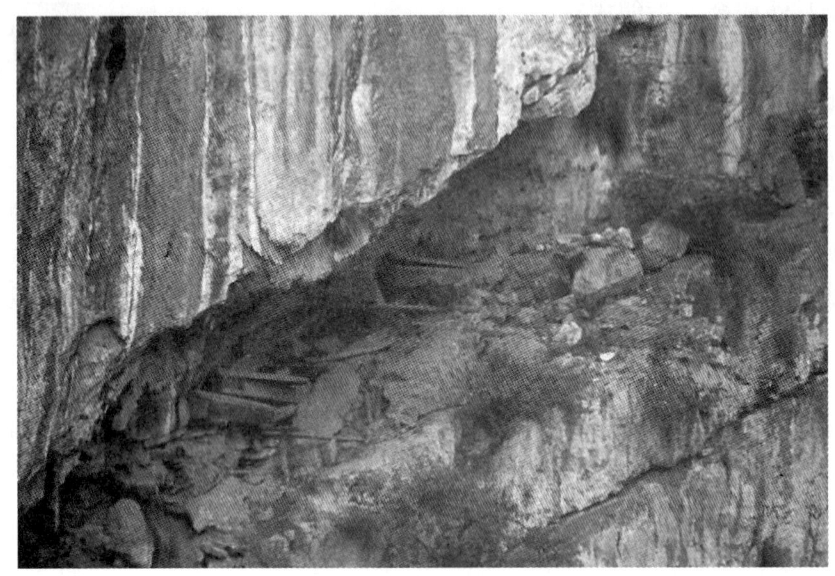

图 5.6 悬棺葬

四川悬棺葬从战国时期开始，一直持续到明代，主要分布在两个地区：一片是长江三峡区域，是古代巴人和僚人的。另一片分布于宜宾珙县、兴文一带。是古代棘人悬棺的集中地，也是我国现存悬棺最多、保存最完好的地方。这种悬棺既没有深藏于洞内，也不像风箱峡的悬棺半露于高崖巨隙中。它是古代先民们在岩壁上凿孔椽木，直接把棺木高悬于绝壁上。从下往上看，一具具悬棺，纵横布满绝壁，真可谓是一个立体的坟场，令人不寒而栗。古人究竟是怎样把这些重达数百斤的棺木搭在绝壁上的呢？至今还没有定论，但不管如何，我们都不得不叹服古人的智慧。

思考题：

1. 由《中国青年报》社、湖南卫视、共青团湖南省委联合打造的“成人礼”晚会已经连续四年在湖南卫视举办，成人礼晚会不仅邀请到周杰伦、杨澜等艺人，更邀请到温家宝总理为全国十八岁的青年寄语，共同见证“十八而志 青春万岁”的重要时刻。中国古代的成人礼被称为“冠礼”，对于年轻个体成长的激励和鼓舞作用非常之大。请思考关于成年礼，汉族历史上有何规定？在我们当代社会，举行成人礼有何存在价值？

2. 请结合自己的实际情况，谈谈在你的家乡有哪些特殊的人生仪礼习俗？

扩展书目

[1] 蔡利民. 掀起你的红盖头——中国婚礼. 上海：上海文艺出版社，2001.
[2] 王贵民. 中国史话：礼俗史话. 北京：社会科学文献出版社，2011.
[3] 丁广惠. 中国传统礼俗考. 哈尔滨：黑龙江教育出版社，2012.
[4] 殷登国. 中国人的礼俗. 天津：百花文艺出版社，2011.
[5] 蓝吉富，刘增贵. 中国人的精神生活与礼俗. 合肥：黄山书社，2012.

第六讲 民间信仰

中国民间信仰是指民众自发地对具有超自然力的精神体的信奉与尊重，是流传于中国民间的一种信仰心理和与这种信仰心理相伴随而发生的信仰行为，以及人们在信仰过程中所举行的各种仪式和活动，是相对于佛教、道教、伊斯兰教、天主教、基督教等制度化宗教而言的各种非制度化的宗教信仰和崇拜。中国的民间信仰，盛行于民间，活跃于民间，构成民众精神生活与民俗文化的重要组成部分。

多神崇拜是中国民间信仰的一个重要特征，这里既有天体、山石、水火等各类自然物，又有鸟兽虫鱼、花草树木等各种动植物，还有行业神、专业神等。具体来说，多神崇拜就是把传统信仰的神灵和各种宗教的神灵进行反复筛选、淘汰、组合，构成一个杂乱的神灵信仰体系。巫术是民间信仰的重要内容之一，无论是接触巫术，还是模拟巫术，都是希望通过这样的方式，搭建起沟通天地的桥梁。巫术在中国民间有广泛的应用，如祈求巫术、招魂巫术、驱鬼巫术等。

第一节　万物有灵论的多神崇拜

先民对于大自然的认识与了解极其有限，在生活实践中发现大自然存在巨大的未知领域，无论是风雨雾雪，还是地震、洪涝、火山喷发等自然现象，都带给先民们极大的神秘感与巨大的恐惧感。由于认知能力的有限，所以，先民认为万物皆有灵性，它们是世界的主宰，而人类只能依附于神灵。

1871 年，人类学之父爱德华·泰勒在他的《原始文化》中，提出了“万物有灵论”。从广义上讲，万物有灵信仰是指世界上存在多种灵魂、幽灵、神和魔鬼，这些灵魂、幽灵、神和魔鬼可存在于客体之外或在人类、动物、植物、自然现象（如地震、洪水、无生命物）之中。万物有灵是民间信仰的源泉，图腾崇拜、祖先崇拜、人神崇拜的产生与其有直接的关系。

一、自然崇拜：天地万物，皆为神灵

自然崇拜是民俗信仰事物中最早出现的信仰形态，是指把自然物和自然现象视作神灵的一种信仰形式，崇拜范围包括天、地、日、月、星、山、石、海、湖、河、水、火、风、雨、雷、雪、云、虹等天体万物及自然现象。

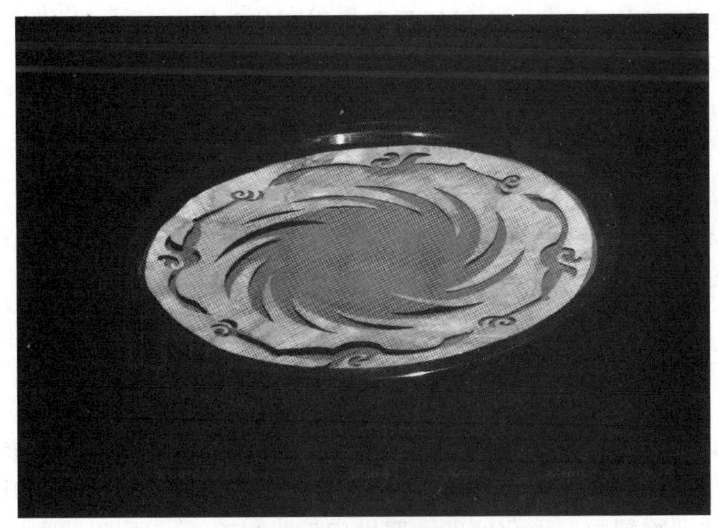

图 6.1　太阳神鸟

（http：//travel.guser.cn/system/2010/04/005008_6083.shtml）

在众多自然神崇拜中，中国人尤以太阳、月亮、土地、雨等神的崇拜为最。对于人类来说，光辉的太阳无疑是宇宙中最重要的天体。万物生长靠太阳，没有太阳，地球上就不可能有姿态万千的生命现象，当然也不会孕育出作为智能生物的人类。太阳是天神之眼，太阳能带来吉祥，太阳给人们以光明和温暖。金沙遗址出土的“太阳神鸟”金饰，表现的是古蜀人对太阳神的崇拜和讴歌。土家族人认为农历六月初六是太阳的生日，这一天，全寨百姓要集体祭祀太阳，庆祝太阳新生。崇拜月神，在中国由来已久，中秋节祭月神吃月饼习俗一直流传至今。土地神，又称社神，古代祭土地神是上至王公贵族，下至小民百姓一年中的大事。中国经济以农业为主，雨情与收成关系密切。因而，求雨受到了历代朝廷的重视，从皇帝到知县，每遇天旱，都要设坛祭祀。

二、图腾崇拜：血缘祖先，氏族标识

图腾为印第安语 totem 的音译，意为“他的亲族”或“他的氏族”。图腾崇拜的核心是认为某种动物或植物和自己的氏族有血缘关系，是本氏族的始祖和亲人，从而将其尊奉为本氏族的标志、象征和保护神。图腾崇拜的对象非常广泛，而且崇拜的不是某种东西个体，而是整个种类。崇拜者一般以氏族为单位，并以同一个图腾为保护神，标志。龙是汉族与部分少数民族共同崇奉的图腾神。在《说文解字》中解：“龙，鳞虫之长，能幽能明，能大能小，能长能短，春分而登天，秋分而入渊。”传说炎帝、黄帝、尧、舜和汉高祖刘邦的诞生及其形貌，都与龙有关，是龙种、龙子。直至今日，我们还常说“龙的传人”或“龙的子孙”，这些都是图腾崇拜的残留。

总的来说，图腾崇拜具有以下基本特征：

① 每个氏族都有图腾。

② 认为本氏族的祖先与氏族图腾有血缘关系或某种特殊关系。

③ 图腾具有某种神秘力量。

④ 图腾崇拜有些禁忌。禁止同氏族成员结婚，禁杀图腾物，这是最重要的两种禁忌。

⑤ 同一图腾集团的成员是一个整体。

三、动植物崇拜：神灵依附，护佑四方

与图腾崇拜不同，动植物崇拜并不强调与这些物体的血缘关系，而是在万物有灵信仰的影响下，将与人类生存生活有密切关系的动植物升格为神加以信奉。在动物神中，华北地区“四大门”影响深远。所谓“四大门”，乃是对四种灵异动物即狐狸（“胡门”）、黄鼠狼（“黄门”）、刺猬（“白门”）和蛇

（“常门”）的总称。植物中，花、草、树、谷神都成为人崇拜的对象。在原始人植物崇拜中，认为神灵依附于树，树就有生命，如果神灵离开，树则告死亡。又说神是树之王，无主则树枯。树神不仅是万物生殖的象征，亦是人类繁衍的象征。我国各民族群众在近、现代仍然普遍流行崇树拜树的习俗，云南富民县彝族密县支系每个家庭都栽有一至数棵长青树，树种多为多衣果树、大黄栗树、青冈栗树、白牛筋树、大青树等，当地彝藏人称为“应树”，“应”即有求必应、善恶有报之意。贵州等地的仡佬族中也有小孩“拜树保爷”的风俗。一些婚后不育的妇女常到古树大木下拜树求子，并许愿得子后长年祭拜，香火不绝；有子夫妇，则携带幼子在古树大木前叩拜，祈求“树保保”保佑幼子无灾无病，健康长命。在献祭后，还要当着古树大木给孩子取名，如树生、林生、根生等。

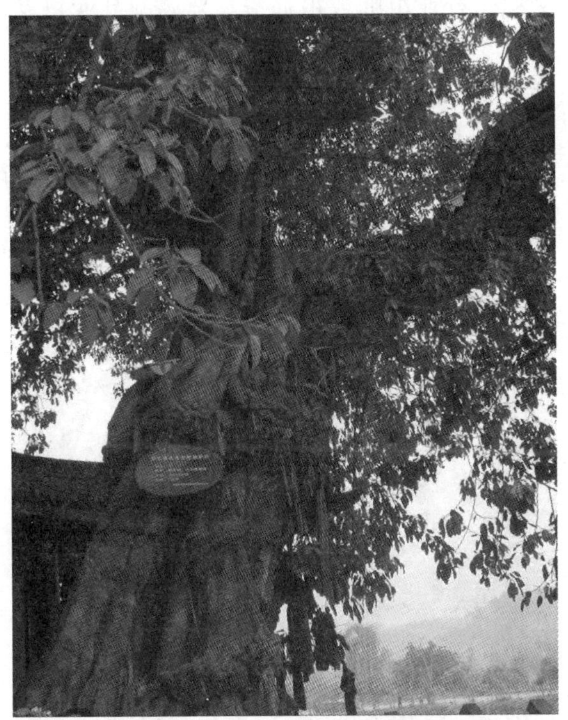

图 6.2　树保保（毛建华摄）

四、人神崇拜：功利强化，精神寄托

1. 祖先崇拜

所谓祖先崇拜，就是相信祖先的灵魂不灭，并且成为超自然的一部分而加以崇拜。从殷商开始，对祖先就有“事死如事生，事亡如事存”的看法。古人相信人虽然死了，但精灵（灵魂）依然生存。因为相信祖辈在死后可得一种神秘的能力，仍然在冥冥中观察子孙的行为，从而可以对他们降祸或授福，因此子孙在祖辈死后要给予厚葬。后来经过儒家的伦理化，祖先崇拜被认为是对祖先报本、思恩和续孝。这种思想自周代末期以后，直到现代，成为中国人祭祖习俗的主要内涵，也就是儒家所强调的“孝道”。

2. 俗神崇拜

（1）行业神

行业神又简称行神，是各行各业的人们供奉的用来保佑自己和本行业吉利、兴旺的神灵。这些神灵中有许多被认为对某种行业有开创发明之功，所以这部分行业神又称作行业祖师或祖师爷。金属制品业祀老君，笔业祀蒙恬，酒业祀杜康，泥水匠、木匠、石匠、棚匠、皮箱匠祀鲁班。行业神崇拜曾对旧时代的社会生活产生过重要影响，一是能发挥团结行业组织的组织号召作用；二是能在经济活动和日常生活中产生追求吉利幸福和克服灾祸的力量；三是能鼓励各行业人们继承和发扬祖师遗产，促进本行技艺的发展。

图 6.3 民间纸马中的鲁班

（2）专业神

在中国民间信仰中，一个有趣的现象是多教合一，为我所用。虽然说神灵神通广大，但各路神仙仍然存在功能上的分工，各神有各神的专业领域，如佛教中的观音尽管法力无边，但对家禽家畜的瘟疫却是束手无策的，姜子牙可保佑六畜兴旺，却管不到五谷丰登。尽管随着社会的发展，神灵的功能也会随之调整，以适应民众信仰上的需要，但不能改变“专业分工”。因此，为了获得各方面的保护，就必须将各种神仙都纳入自己的信仰体系，以使“各路神仙，为我所用”，目的就是最大可能地趋吉避祸，多元化信仰也就顺理成章了。因而，在中国民间的庙宇中，往往是“诸神一庙”，形成“万神庙”的格局。关帝爷也经常与观音菩萨同时供奉。

图 6.4　三教同奉（毛建华摄）

在各专业神里，专为发财致富的财神、救苦救难又送子的观音、守护门庭的门神、司饮食且会打“小报告”的灶王爷、讲义气守信用的关圣大帝、掌管功名禄位的文昌帝君等神，信仰最广、信众最多。

第二节　沟通天地的神人之媒

一、巫术：通天法门，操控自然

在原始时代，人类对于自然界的认知与改造能力不足，因而对于自然界的千变万化，产生强烈的恐惧和敬畏之心，便相信有一种超自然的力量在支配千变万化的大自然。人类为了生存，凭借着对大自然的一些神秘和虚幻的认识，创造出各式各样的方术，期望能够寄托和实现某些愿望，这种方术一般通称为巫术。

巫术赖以建立的思想原则，可以分为两个方面，第一是“同类相生”或果必同因，第二是“物体一经互相接触，在中断实体接触后还会继续远距离地互相作用”。前者可称之为“相似律”，后者可称作“接触律”或“触染律”。因此，根据这两个规律，可以把巫术分为模拟巫术与接触巫术。

模拟巫术，又叫顺势巫术，是以相似律为原则，以相似事物为代用品求吉或致灾的巫术手段。如恨某人，便做人形，写上该人的生辰八字，或火烧或投水，或针刺刀砍，以致那人于死地。再如小儿常常落井，为避灾，常做一偶人代替小儿投入井中，这种行为称作破灾破煞。在上古生产习俗中，稻花开时，男女相会于田，以促进稻谷结穗。人若生疮，将疮画在植物叶或黄纸上，便可移走病患。白云观里拴娃娃、民间的“偷瓜”等祈子习俗，实际上都属于模拟巫术。我国历史上曾出现过多起“巫蛊事件”，就是用桃木偶人或草人，写以对方的名字，施以巫术，试图达到目的。

接触巫术，是一种利用事物的一部分或与事物相关联的物品求吉嫁祸的巫术手段。这种巫术认为只要是接触到某人的人体一部分或人的用具，都可以达到目的。如某人患病，在病人病痛处放一枚钱币或较贵重的东西，然后丢在路上任人拾去，于是人们便认为病患转移到了拾者身上。过去害人的黑巫术常常搜集对方的头发、胡须、指甲以及心爱之物，用以加害对方。

无论是顺势巫术还是接触巫术，其根本原理是认为世上万物之间有一种神秘的感应，所以，我们把这两种巫术统称为交感巫术。

根据巫术所起的社会功能及目的不同，可以把巫术分为白巫术、黑巫术。白巫术以“行善”为目的，是巫术中的主流。在普通人民求晴、祈雨、驱鬼、破邪、除虫、寻物、招魂等仪式中广泛使用。黑巫术，即邪恶的巫术，多用于对复仇人或报复他人，亦可用作治病、诛邪等。

在我国民众生活当中，巫术一直有着广泛的应用，其主要表现在如下几个方面：

① 祈求巫术。巫师通过一定方式，沟通神鬼人三者的关系，求得人丁兴旺和获得生产丰收。如汉族求雨，多拜龙王，拜祭不成时，便要施巫术，逼迫龙王下雨，如抬龙王游街、曝晒龙王、把井水淘干等。

② 招魂巫术。用巫术把失落的灵魂招回来。在汉族地区，小孩病了，人们往往以为是灵魂失落在村外，妈妈则要拿着小孩的衣服去村外呼喊小孩的名字，为其招魂。彝族也有为出走多年或客死异乡的长辈招魂的习俗。由巫师主

持，往往站在高山上，望着死者出走的方向，呼唤死者的名字。招魂巫术不只限于人自身，也适用于动物、植物。如基诺族为谷神招魂，苗族为牛招魂等。

③ 驱鬼巫术。又称驱疫巫术，是对鬼、瘟疫施行的一种攻击性巫术。在生产、建房、治病、丧葬中经常使用。这是民间巫师最主要的工作。傣族人遇到疾病，总认为是瘟鬼作祟，瘟鬼又有不同等级，村落送瘟鬼时，巫师要以泥捏人，还捏造鸡、鸭、鹅、猪、狗、牛、马、象等各一百个，还有衣服、装饰品、饭、菜、酒、肉、柴草等。凉山彝族毕摩为病人治病时，让病人坐在门口，头顶一个竹簸箕，毕摩大叫“把害人的鬼抓住，快抓住他”，同时命助手持锹把火塘灰撒向病人头，利用灰把鬼赶走。

④ 避邪巫术。是利用一定的物件来防止邪鬼来犯。避邪物一般装饰在建筑物上、交通工具和生产工具上，也有佩戴在身上的。普米族在门或墙上印有许多石灰手印纹，据说这是一种打鬼的手势，鬼会见而生畏。在门楣上挂刀、剑、锯、羊角等也可避邪。汉族的护身符、门神、镇宅宝剑等都是避邪物。

二、巫师：上天入地，神人之媒

通常施行巫术，联通人、神、鬼的灵媒，在汉族地区，男称为觋，女为巫。

最早的巫师，通常是氏族长或部落首领。随着部落规模的扩大和社会分工的发展，专门从事宗教巫术活动和其他文化事业的专职巫师，成为了一个相对独立的阶层。

原始社会后期和夏商时代，巫师的社会地位和政治地位很高。巫觋经常参与政治军事决策，在国家和宗族中享有崇高的威望。《尚书·君奭》中有“巫咸义王家”的记载，是说大巫师巫咸曾帮助商王治理国家；同书又说商王祖乙曾得到巫贤这位大巫的辅佐。

这个时期，巫师同时也是祭司，所以祭神仪式上如何安排神位，如何使用牺牲、器物和服装，都由巫觋负责。

到了周代，巫觋在祭祀活动中的主角地位已被宗、祝所取代。据《周礼》描述，列居卿位的大宗伯“掌建邦之天神、人鬼、地示之礼”，司巫、男巫、女巫等巫师都是大宗伯属下位卑权轻的服务性人员。巫师不再兼任宗族或国家的祭司并不意味着他们已被排斥于祭祀活动之外。事实上，自从神灵观念出现以来，巫术行为和宗教行为就一直保持着紧密的联系，被认为具有通神降神才能的巫觋一直参与各种祭礼。在民间小规模的祭祀活动中，在一些文化比较落后的地区，巫觋仍常常兼任祭司之职。譬如先秦楚国祭神仪式上被称为“灵”或“灵保”的女巫，以及齐国民间至老不嫁、为家主祠的“巫儿”，都具有巫师与祭司的双重性质。

自周以后，巫师的地位逐渐世俗化。他们也要从事渔猎和农牧业生产活动，也有妻儿老小，和一般人一样有共同的社会属性。但是，因为巫师能通神，可以同鬼神说话，上达民意，下传神旨，能预知吉凶祸福，能为人除灾去病，从事预言、占卜、祭祀和招魂、驱鬼等巫术活动，于是巫师便成了人与鬼神的桥梁、媒介，具有半神半人的特点。

巫师与鬼神的交往，基本有两种方法：一种是请神附身，巫师代表鬼神说话，一种是巫师能过阴，由灵魂去找鬼神。在我国各族的巫师中，有些说自己只能请神附体，即请鬼神附着在巫师身上，由巫师代表鬼或神说话，有些巫师则声称可以通过自己的灵魂去找鬼神，再由巫师代表鬼神说话，与求神者打交道；还有一种巫师则声称具有上述两种职能，既能请神附身，又能让自己的灵魂去寻找鬼神。像台湾的女巫，常常就有这种双重职能。

在中国各少数民族，到目前为止，仍有巫师的存在。北方的满族、鄂温克、鄂伦春多个少数民族有萨满，彝族有毕摩，羌族有释比，等等。

“萨满”一词也可音译为“珊蛮”，“嚓玛”等。该词源自通古斯语，意为神与人之间的中介者。他们与其他神职人员最大的不同是能够以个人的躯体作为人与鬼神之间实现信息沟通的媒介。作为这种媒介的方式主要有两种，一是神灵为主体，通过萨满的舞蹈、击鼓、歌唱来完成精神世界对神灵的邀请或引诱，使神灵以所谓“附体”的方式附着在萨满体内，并通过萨满的躯体完成与凡人的交流；二是以萨满为主体，同样通过舞蹈、击鼓、歌唱来达到“灵魂出壳”，以此在精神世界里上天入地，使萨满的灵魂能够脱离现实世界同神灵交往。上述神秘仪式即被称为“跳神”或“跳萨满”。在完成上述神秘仪式的过程中，所有的萨满都会表现出昏迷、失语、神志恍惚、极度兴奋等生理状态，当这类生理状态出现时则被称为“下神”“抬神”或“通神”，学术领域则称为“萨满昏迷术”或“萨满催眠术”。萨满就是通过这样的方式将人的祈求、愿望转达给神，也可以将神的意志传达给人。萨满的职业追求也是以各种精神方式掌握超级生命形态的秘密和能力，获取这些秘密和神灵力量是萨满的一种生命实践内容。

毕摩是彝语音译，“毕”为“念经”之意，“摩”为“有知识的长者”，毕摩是“沟通神、鬼、人之间的关系”的神职人员。毕摩历史渊源较为久远。据有关彝族学者的研究，毕摩起源于父系氏族公社时期的祭司和酋长。约在汉晋时期，彝族进入奴隶社会制度后，确立了兹（君）、莫（臣）、毕（师）三位一体的政治制度。彝文古籍《额阔徐扎》记载，“君呵发施令，臣呵发政务，毕呵书祭祀”，表明了君臣是掌管朝政的统治者，而毕摩是从事撰史记事的史官。唐宋以来，毕摩又称为鬼主。鬼主既是祭司，又是集宗教、政治、军事三权于一身的氏族部落首领。元、明时期，毕摩一般称为奚婆。中央王朝在彝区建立了土司制度，委任原来的大、小鬼主为土司、土官，鬼主制度最终走向瓦解，而奚婆从统治阶层中分裂出来，主管祭祀。虽然说奚婆不再是部落政治领袖，但仍是彝族酋长的智囊人物和助手，处于佐政的地位。到了清代，中央王朝在西南地区推行改土归流，并利用部落首领相互牵制，彝族区域性政治彻底瓦解。大多数的彝族土司、土官被革除，奚婆无政可从，发展成为专职的宗教祭司，一般称为毕摩。到了近现代，毕摩主要的职能是主持各种宗教祭祀活动，如合婚、丧葬、择吉、搬迁、建房、出行等，他们已经不再是政治阶层。

羌族释比，又称端公，是羌民族在自然崇拜、万物有灵信仰基础上形成的。远古时，人们无法解释风雨雷电，自然灾害以及人的生老病死等现象，于是，总认为人的世界之外有一种超自然的力量在主宰一切，必须用十分虔诚的祭祀方式，祭拜、祈求、祈神佑福，保羌人社会平安、昌盛。为适应社会祭祀礼仪的需要，于是有一种可上通天神、下达人意的巫师。释比是不脱离农业生产的羌族宗教祭司，几乎每一羌寨都有一名，在羌人中享有崇高威望和带有高深莫测的神秘色彩。释比仅限于男性充任，并可结婚成家。他们没有宗教性的组织和寺院，但要供奉历代祖师和“猴头童子”。据传，金丝猴是释比的护法神，所以他们供奉的祖师爷和使用的猴头法器，头戴的猴皮帽均与金丝猴有关，就是跳神的步法——常用两脚紧并、上下左右跳跃，也象征着猴的动作。释比作法时，头戴猴皮帽，帽上缀七或九颗贝壳。身着白衣白羊皮褂（毛向外），套白裙，手敲羊皮鼓，足踏“禹步”（半蹲踽踽而行），口念经文，在众目睽睽下临场作法或演练巫术。其经文分上、中、下坛经。上坛经说神事，中坛经说人事，下坛经说鬼事。

三、禁忌：消极巫术，避凶求吉

根据态度是肯定的，还是否定的，可以把巫术分为积极的巫术与消极的巫术。积极的巫术就是我们一般所说的“法术”，其思路是通过这样做，就会有那样的结果。消极的巫术的思路是如果不这样做，就不会有那样的结果，其表达方式往往为“不许如何如何”或者“禁止如何如何”，也就是我们所说的禁忌。禁忌是人们为了避免某种臆想的超自然力量或危险事物带来的灾祸，从而对某种人、物、言、行的限制或自我回避，危险和具有惩罚作用是禁忌的两个主要特征。

以孕妇饮食禁忌为例，孕妇禁食兔肉，如果违忌，则认为生子为兔唇或者无声，禁食鳖，违反禁忌，则认为生的孩子会是短项。禁什么，违忌后会怎么样，其作用机制，显然是事物所具有的那种神秘的交感（接触和模拟），因而，在禁忌方面起作用的原理，仍然是接触律与相似律。兔子长一张“豁嘴”，联想到孕妇吃了兔子肉，胎儿也会像兔子一样缺唇，孕妇食鳖肉会令子短项，也是出于老鳖常将头缩进龟壳中的联想。

中国人禁忌的对象很多，在生产生活各方面中都有。满族人禁忌杀狗，禁忌吃狗肉。伊斯兰民族禁食猪肉；孕妇忌在房内拿剪刀剪东西，否则会伤害胎儿；禁忌不洁净的人（包括来月经的妇女、孕妇、产妇、婴儿、戴孝者、受刑罚者）参加祭祀活动；祭祀的时候，人们不能随意说话、咳嗽，不能随意行动、抓痒，不能随意随处大小便，便后一定要洗手；祭祀期间，男女不得单独幽会，禁忌房事，忌食荤腥。凡此种种，说明禁忌在中国人民生活中的深刻影响。

第三节 源远流长的吉祥文化

吉祥崇尚是与信仰和禁忌相关的一种传统观念。中国民间以为，吉祥有预兆，通过一定的形式，就可以使吉祥变为现实，于是先民们巧妙地运用人物、走兽、花鸟、日月星辰、风雨雷电等万物，通过借喻、比拟、双关、谐音、象征等文字手法，来表达自己对吉祥美好生活的向往。

吉祥，按照字面的解释，就是“吉利”与“祥和”。《说文解字》中说，“吉，善也”；“祥，福也”。说白了，吉祥就是好兆头，就是凡事顺心、如意、美满。

一、吉祥文化：追求美好，人生祝福

中国吉祥文化从内容上讲，大致可以分为四个层面，即物体吉祥、语言吉祥、数字吉祥、行为吉祥。

（一）物体吉祥

物体吉祥物指某个或某类物体所表现出来的吉祥含义。此处所说的物体既包括动物、植物的有机体，亦包括石、木、砖、瓦、纸、砚、笔、墨、图案、手工艺品等无机体。无论是有机体，还是无机体，在特定的文化背景下，只要附着了人的吉祥意识，就能渗透出吉祥文化的韵味。

1. 灵物吉祥

灵物崇拜是在图腾崇拜、自然崇拜基础上形成的一种崇拜形式，所崇拜

之物并不具有神格，但却具有灵性，为祥瑞之物。号称中国四灵的是麟、凤、龟、龙。麟指麒麟，称为仁兽。龙是中华民族的象征。凤指凤凰，为百鸟之王。麟、凤、龙，都是按中国人的思维方式复合构思所创造的虚拟动物，象征尊贵、吉祥、安庆、宁和、富裕等。龟是四灵中唯一真实存在的动物。龟是健康长寿的象征，龟还被认为能预知未来。在古代，每当举行重大活动时，巫师都要烧龟甲，然后根据龟甲上爆裂的纹路来占卜吉凶。所以，龟又被人们称为 “神龟”“灵龟”。在古代帝王的皇宫、宅院和陵墓里，都有石雕或铜铸的神龟，象征国运久远。灵物崇拜中，貔貅也是深受中国民众喜欢的一种。貔貅以金银为食，却只进不出，招财进宝就是它的吉祥含义。

2. 动植物吉祥

以动物来表示吉祥又可分单体和复合体。所谓单体是指某一动物形象表示一种吉祥内容。如鹿象征禄，象象征吉祥，蜘蛛象征喜事，龟象征长寿，鸳鸯象征夫妻和睦，还有我们常说的十二生肖，都有吉祥的含义。所谓复合体是指两种或两种以上的动物组合。如猴子骑在马背上，表示马上封侯之意。小猴骑在大猴肩上，表示辈辈封侯。龟称“万年”，鹤称“千代”，龟鹤一起，象征延寿吉祥。

图 6.5 龟鹤延寿吉祥

（http：//www.mycollect.net/trade/show-516243-2.html）

同样，被人们赋予吉祥意义的植物，有花草有树木有果实，红豆象征思念，栗子象征“立子”，石榴象征多子多福，橘象征大吉，佛手象征幸福，芙蓉象征荣华富贵，婚礼中用的枣子、花生象征早生贵子，还要“花着生”，意为儿女双全。岁寒三友、天地长春就是用植物来表示吉祥的。前者大都用梅、竹、松来表示，后者则多用天竹、南瓜、长春花来寓意。杞菊延年的吉祥图案画的是菊花和枸杞。以柏、柿、如意拟指“百事如意”，葱、菱、荔枝拟指“聪明伶俐”，桂圆、核桃、荔枝拟指“连中三元”，瓜果、葫芦拟指“子孙万代”，数不胜数。

一般而言，用动植物来象征吉祥的图案，多是组合，或植物与动物组合，或植物与其他非生命体相配合，从而设计出一幅幅独具匠心的吉祥图案来。比如，牡丹与长春花（或白头鸟）结合，表示富贵长春；牡丹花配以十个古钱，表示“十全富贵”；蝙蝠、桃和两枚古钱，表示“福寿双全”；仙人持桃立于桃树下，表示“蟠桃献寿”；芦苇、莲和鹭组成的纹图，表示“一路连科”。

（二）语言吉祥

吉祥文字是指那些基本含义吉祥，或引申含义吉祥，或在人们的生活习俗中赋予了某种特定吉祥意蕴的字。吉祥文字的含义多是福、禄、寿、喜、财、多子孙、吉祥、如意、吉庆等。如“福如东海”“寿比南山”“万事如意”等，或者尽可能将这些吉祥话加以连串叠加说出，以加强祈吉的诚意，像“恭喜新岁大发财，金银元宝堆成山”“喜福喜寿生贵子”“五子登科状元郎”“七子八婿满床笏，恰似文王百子图”。

语言吉祥在春节时最能集中体现。春节普天同庆，各家门上贴有富有寓意的春联，吉祥话如健康、平安、福、禄、寿、发财是主题。即使在猪舍、鸡鸭舍等处也要贴对联，内容一般为鸡鸭满圈、牛羊成群、六畜兴旺等。人们见面时要相互道贺“过年好”“春节快乐”“恭喜发财”“大吉大利”。

（三）数字吉祥

在中国文化中，数字不仅仅表示多少，同时隐含着吉祥之意。吉祥数字也不只人们常说的“三、六、九”和“八”，从一到十，到百、千、万等数字都有吉祥含义。比如一帆风顺、二龙腾飞、三羊开泰、四季平安、五福临门、六六大顺、七星高照、八方来财、九九同心、十全十美、百事亨通、千事顺遂、万事如意等。有偶数吉祥，也有奇数吉祥；有大数吉祥，也有小数吉祥；有引申义吉祥，也有谐音吉祥。

在挑选住所、电话号码，甚至是在搬家、出门等需要选数字的时候，吉祥的数字都是要考虑的因素。偶数要比奇数更加吉祥。“6”寓意“顺利”。最大的个位奇数“9”代表了“长久”。但是，“8”才是最为吉祥的数字。“8”是“发”的谐音，意味着繁荣、财富和地位。但“8”在不同时候，却有不同的含义，需要具体分析。

（四）行为吉祥

行为吉祥，是指用行为来体现吉祥的内涵，可分为祈求吉祥的行为和包藏吉祥的行为两种。前者是为了达到吉祥的目的而专门实施的行为，后者则是某种行为中包藏着吉祥的内涵。在山东泰山顶上，为了求得后嗣，妇女们将红线、红布条结在小树枝上，或将石子放置在小树杈上，表示向山灵祈求后代，即属于祈求吉祥的风俗行为。在风俗行为中包蕴着吉祥内涵的民俗活动就更多。比如旧时婚嫁，许多地方男女定亲后，男家送女家以“包袱”，里面有布料和其他物品，象征着“包福”。如果同一条街有两家娶媳妇，谁家早发轿谁家为好，这叫“抢福”。出嫁那天，新娘落下的眼泪，称为“金豆子”，流得越多越好。入洞房后，新娘要喝面汤，叫吃宽心面；吃红皮鸡蛋，称“一口咬到鸡蛋黄，明年生个状元郎”。新人合卺之前，还要撒栗子、枣、花生，象征早生贵子。

在中国，吉祥文化影响深远，渗透到生活的各个方面，远不是以上四类所尽能概括的。

二、吉祥生成：谐音寓意，传说附会

1. 取谐音寓吉

中国吉祥文化中，很多吉祥物的形成，与谐音寓吉有直接的关系。如，“鹿”和“禄”“冠”和“官”“鱼”和“余”“莲”和“连”“磬”和“庆”“碎”和“岁”“瓶”和“平”“梅”和“眉”“蜂”和“封”“猴”和“侯”“枣”和“早”“桂”与“贵”“蝠”与“福”“灯”与“登”“功”与“公”“蓉”与“荣”“柿”与“事”等。

2. 寓意显示吉祥

将自然物的特性来寓意吉祥，或者将吉祥之意蕴藏在物品、文字或图案中间来表达，是吉祥文化形成的一个重要途径。龙是华夏民族的图腾，是综合众兽之灵的神灵，能呼风唤雨，变化多端，形成了“有龙则灵”的吉祥瑞兆。凤则是综合众禽之美的“百鸟之王”，许慎在《说文》中释：“凤鸟，神鸟也。”“见则天下大安宁”，则用以象征吉福。鹤有“千年仙禽”之誉，象征长寿。麒麟是综合众兽之性的瑞兽，象征赐福。虎的性格勇猛，象征雄健威武，生机勃勃。借助含吉的汉字，如福、寿、喜、忍等，表达对美好生活的向往，将福字正写而倒贴者，谓之“福到”，将福字外形变化为圆态者，谓之“团福”。将古寿字字形扩长者，谓之“长寿”，外形变化为圆态者，谓之“团寿”。将不同笔画的篆体寿书写一百个（常为九十九个）者，谓之“百寿”。

3. 依传说附会

比如佛手是芸香科植物柑橘类中枸橼的变种，是我国原产常绿果木之一，因其形状特殊，故有个神秘的名字。民间传说此果是经佛手所摸而生，因此形似佛之手，用以象征吉福，被称为吉祥果。贴在大门上的门神，之所以是秦琼和尉迟恭，与传说中的二将立于门外守护李世民有一定的关系。传说灵芝有“起死回生”之妙，它象征化凶为吉。附会是一种寄托，是将精神的东西附着在物质的东西上，即由此反映出吉祥的文化特征来，应该说这种附会是在长期的历史长河中积淀下来的，逐渐为大家所认同，符合一种共同的审美要求和思想基础。

案例：

北京奥运会上的吉祥文化

吉祥文化对国人的影响根深蒂固，无论是在企业形象设计中，还是在服装、环境、标志等各类设计中，中国吉祥文化都大放异彩。中国联通的标志是由吉祥图形“盘长结”演变而来的“中国结”，迂回往复的线条象征着现代通信网络，寓意着信息社会中联通公司的通信事业井然有序而又通达顺畅，标志造型中的四个方形有四通八达，事事如意之意，六个圆形有路路相通，处处顺畅之意。中国民航的标志，选用了展翅飞翔的“凤凰”，静中有动的美姿，也喻示了其不断奋进的精神，鲜艳纯正的中国红，给人们传递着喜庆、平安、吉祥。

北京奥运会上，从吉祥物福娃说起，祥云火炬、点火方式、场馆命名，连同开幕的时间，无不渗透着中国的吉祥文化。可以说，北京奥运会也是中国吉祥文化的一次大汇演。

我们先看看祥云火炬。古人说，“吉者，福善之事；祥者，嘉庆之徵”，以祥云命名火炬，本身就属于语言文字吉祥。北京 2008 年奥运会火炬接力标志设计灵感来源于“火凤凰”的概念，主体是两个人共擎奥运圣火奔跑的形象。凤凰是中国古代传说中的鸟中之王，是吉祥、永生的代表，高贵美好的象征。以凤凰的形象作为火炬接力的标志，象征通过火炬接力把北京奥运会吉祥美好的祝福传遍全中国，带给全世界。

图 6.6　2008 年北京奥运会火炬接力标志

我们再看看北京奥运会主体育场“鸟巢”。“鸟巢”的其中一层含义是用树枝般的钢网把一个可容 10 万人的体育场编织成一个温馨鸟巢，用来孕育与呵护生命的“巢”，寄托着人类对未来的希望；另一层含义与祥云火炬有关。火炬是凤凰，会场是鸟巢，火炬传到主会场，象征意义是“凤还巢”，表达了中国吉祥文化中“团圆美满”的美好向往。

2008 年 8 月 8 日晚 8 时，北京奥运会开幕。从开幕时间选用的数字来说，以吉祥数字 8 为主，寓意我国对繁荣富强的不懈追求。

最后，我们来看看我们熟悉的奥运福娃吧。

图 6.7　2008 年北京奥运会福娃

福娃的外形取自中国传统年画，福娃借助这些古老的民俗符号，不仅体现了中国文化的悠久历史，展现了中国传统艺术形式的绚丽多姿，更制造了和谐、欢腾、吉祥的氛围。每个福娃还恰到好处地借用了民俗符号的暗示性意义，表达了隐藏的吉祥文化的内涵。福娃“贝贝”，是鱼和水的化身。在中国传统民俗中，鱼是一个具有象征意义的符号。在象征解释的视角下，“鱼”蕴含着“鲤鱼跳龙门”“连年有余”的意义，是传递人们美好情感的一个符号工具。福娃“晶晶”是一只憨态可掬的大熊猫，大熊猫是中国的国宝，深得世界人民的喜爱。它的头部纹饰源自宋瓷上的莲花瓣造型，憨厚乐观、充满力量。“莲”表示坚贞纯洁，是君子的象征，又与“连”谐音，便诞生了众多与“莲”有关的吉祥符号和图案。莲的华实齐生、莲蓬多子、一蒂两花的特点，被演绎成了“连生贵子”“连中三元”“喜得连科”等意象。福娃“欢欢”以火为代表，头部纹饰源自敦煌壁画中火焰的纹样，在中国民俗中象征了红红火火。福娃“妮妮”用风筝作为表现体，而且在我们传统文化中，燕子代表着吉祥和如意。福娃名字合在一起，谐音正是“北京欢迎您”，而且，福娃的个数是五个，“五”字在中国也是有很多象征意义的，如“五福临门”“五谷丰登”，福娃的设计对吉祥文化的契合，能指与所指融合得几近完美。

思考题：

1. 为什么古代人们对巫蛊之术深信不疑呢？
2. 请谈谈存在于你身边的吉祥文化。

扩展书目

[1] 乌丙安. 中国民间信仰. 上海：上海人民出版社，1998.
[2] 邢莉. 民间信仰与民俗生活. 北京：中央民族大学出版社，2008.
[3] 金泽. 中国民间信仰. 杭州：浙江教育出版社，1990.
[4] 沈利华，钱玉莲. 中国吉祥文化. 呼和浩特：内蒙古人民出版社，2005.
[5] 宁业高，夏国珍. 中国吉祥文化漫谈. 北京：中央民族大学出版社，1999.

第七讲
游艺习俗

游艺是人们悠闲娱乐不可或缺的一种活动，与社会环境、民风民俗、民众心理密切相关。崔乐泉在《图说中国古代游艺》一书中这样定义游艺："游艺，顾名思义，就是游戏的艺术，是各种游戏或娱乐活动的总称，是人们以娱怀取乐、消闲遣兴为主要目的的一种精神文化活动。"

游艺的起源当追溯到人类的童年时期。在茹毛饮血的艰苦环境里，人类在"娱乐原欲"的驱使下，会进行一些无意识的游戏，正如《毛诗序》中所言："情动于中，而形于言，言之不足，故嗟叹之，嗟叹之不足，故歌咏之，歌咏之不足，不知手之舞之，足之蹈之也。"随着人类的进化和生产能力的提升，人类在果腹之余，有了闲暇时间来追求精神享受，开始有意识地进行一些娱乐活动，而这些娱乐活动多是从劳动中演化而来，如赛跑、攀登慢慢发展为爬绳、秋千等……可以说，游艺是劳动的产物。

游艺的文字记录最早见于《论语·述而》："志于道，据于德，依于仁，游于艺。"指游憩于礼、乐、射、御、书、数等六艺之中。宋代朱熹在《论语集注》中认为孔子的"游于艺"就是"玩物适情"，通过"玩物"达到"适情"的目的。

中国的游艺文化斑斓多彩，有竞技游艺，如赛马、斗鸡、斗蟋蟀、摔跤、骑射等；有儿童游艺如踢毽子、弹珠子、荡秋千、放风筝等；有博弈，如围棋、象棋、麻将等；有智力游戏，如谜语、酒令、七巧板等。

游艺功能颇多，帮助人们放松身心、丰富空闲时间，还能陶冶情操、强健身体、益智。而那些需要众人参与的游艺，还有一定的社会整合功能，是凝聚人心的一种手段。

第一节 扣人心弦的竞技

一、赛龙舟：楚风余韵，锣鼓震天

赛龙舟是五月初五端午节的一个重要习俗，关于它的起源有多种说法，闻一多先生在《端午考》中提出："龙舟竞渡应该是史前图腾社会的遗俗。"越民族当时所用的舟刻画有龙的图纹，龙舟的称谓由此而来。而至今流传最广的传说是与爱国诗人屈原有关。楚国顷襄王偏信谗言，将忧国忧民的屈原放逐，报国无门的屈原悲愤投江，楚国人民舍不得屈原，划船追赶抢救，却无功而返。为了纪念屈原，每年的五月初五人们便举行赛龙舟的竞技。

图 7.1 赛龙舟

龙舟一般长约十四五米，仅容两人并排坐下，划船者分排坐在龙舟中央，每人拿一船桨，在保持船身平稳的前提下奋力划行。船头有一人拿彩旗指挥，船尾一人拿鼓，击鼓振奋士气。古时还有"抢标"的环节，在划到终点的时候各船抢夺浮标来决定谁胜谁负，有鱼标、鸭标、钱标，这需要极高的技巧，竞争非常激烈。

除了纪念屈原，赛龙舟还有其他的民俗内涵。贵州苗族在农历五月二十五至二十八举行“龙船节”，有祈求丰收之意；云南傣族在泼水节赛龙舟，用以纪念古代英雄岩红窝。

1980年，赛龙舟被列入中国国家体育比赛项目。1991年农历五月初五，湖南岳阳市举行了首届国际龙舟节。随着非物质文化遗产保护运动的兴起，铜仁、东莞等多地的赛龙舟项目入选了国家级非物质文化遗产名录。

二、拔河：祓禳祈年，声振四野

拔河，古称“牵钩”，始于春秋时期的楚国。当时的楚国国力强盛，有一支精良的水军，并曾发明一种水上兵器——“钩拒”。当敌军溃败欲逃时，楚国军士用“钩拒”钩住敌人的船只，使劲往后拉，使敌军动弹不得。后来，这种作战方式流传至民间，演变成拔河。唐代，拔河流行于宫廷。“不独兵士为然，即宫女亦多戏此。又不独宫女为然，宰相将军等又多戏此。似此上有所好，下必甚焉，则唐代社会，拔河游戏之盛，一般可鉴。”（黄现璠著《唐代社会概略》，商务印书馆，1936年3月初版）宋朝后，拔河被视为不登大雅之堂，只在民间流行。

拔河比赛简单、易操作，只要有一根绳，一块平地即可进行。比赛时，在地上画直线为河界，由人数相等的两队在河界的两侧各执绳索的一端，用力拉绳，以将对方拉出河界为胜。

在藏区，拔河也深受藏民的喜爱。每逢藏历的节假日，藏民便举行方式独特、趣味横生的拔河比赛。藏族的拔河有“池和滩”“浪青沙西合”“格吞”等比赛方式。“池和滩”，翻译成汉语为“犇牛”，比赛者把绳套在肩、背

图7.2　藏族拔河

部位，半侧向站立进行角力。“浪青沙西合”，翻译成汉语为“大象拔河”，比赛分单人拔河、双人拔河、男女混合拔河、夫妻拔河等。“格吞”，翻译成汉语为“颈脖拔河”，比赛者面对面站立，把打结的绳环套在脖子上，用颈、腰、腿部的力量拉扯对方。

三、斗鸡：裂血失鸣声，啄殷甚饥馁

斗鸡是一项古老的民间娱乐形式，最早的文字记载见于《左传·昭公二十五年》：“季、郈之鸡斗，季氏介其鸡，郈氏为之金。”曹魏时代，斗鸡颇为流行，魏明帝甚至于太和年间，在邺都（今河北省魏县）筑起了斗鸡台。斗鸡之风至唐仍盛行，上自王公贵族，下至平民百姓，无不为之痴迷。唐玄宗酷爱斗鸡，常在元宵节、清明节、中秋节聚众斗鸡，以示天下太平。

图 7.3 斗鸡

唐朝诗人的笔下也不乏斗鸡的诗句，如张籍的《少年行》：“日日斗鸡都市里，赢得宝刀重刻字。”张仲素的《春游曲》：“当年重意气，先占斗鸡场。”而李白的《古风》一诗：“大车扬飞尘，亭午暗阡陌。中贵多黄金，连云开甲宅。路逢斗鸡者，冠盖何辉赫。鼻息干虹蜺，行人皆怵惕。世无洗耳翁，谁知尧与跖！”则是借对斗鸡人的描写来讽刺现实。

斗鸡分群斗和两鸡相斗。为了取胜，人们采用各种策略，如精心选择良种鸡，培养鸡的好斗精神，为鸡佩戴武器等。《左传》里的季氏和郈氏斗鸡时，把鸡翅涂上芥末，鸡爪扎上金属刀子。

斗鸡在少数民族地区也深受欢迎。每年的秋后和春节期间，仫佬族人会举行斗鸡比赛。比赛当日，男女老少盛装出席，将斗鸡集中到斗鸡场，并选出四位裁判，记录分数和斗情。斗鸡会发六个奖，称头笼、二笼、三笼、四笼、五笼、结笼。能获得头笼奖是全村的荣誉，同村人会敲锣打鼓上门庆贺。

除了作为娱乐活动外，斗鸡还与胜负、身份等因素密切相关。美国著名人类学家格尔茨在《文化的解释》一书中，分析了巴厘岛的斗鸡习俗，他从社会结构，巴厘人的性格、气质、心态等方面去发掘斗鸡的深层意义。在他看来，斗鸡不只是一种赌博游戏，还被赋予了一种象征意义。“巴厘人与他的雄鸡认同时，不仅把雄鸡与他的理想化的自身联系在一起，甚而与其男性器官联系在一起，同时也与他最恐惧、最憎恶、既爱又恨的事物，即使之神魂颠倒的‘黑暗的力量’联系在一起。”斗鸡成了一种表达工具，是巴厘人对自己心理经验的解读，“是一个他们讲给自己听的关于他们自己的故事”。

四、摔跤：广场妙戏，角抵娱人

中国摔跤的历史源远流长，据南朝人任昉著的《述异记》中记载：“秦汉间说，蚩尤氏耳鬓如剑戟，头有角，与轩辕斗，以角抵人，人不能向。今翼州有乐名蚩尤戏，其两两三三，头戴牛角以相抵，汉造角抵戏，盖其遗制也。”可见在远古黄帝时代，摔跤已具雏形。摔跤在先秦时期被称为“角力”“相搏”“手搏”；秦时定名为“角抵”；汉代摔跤开始职业化；隋唐朝向多样化发展，娱乐色彩渐浓；宋元辽金时期，摔跤的发展达到顶峰；明清时，摔跤泛化于民间。

今天，摔跤广泛流行于各民族之间，由于地理环境、风俗习惯的不同，各民族的摔跤也呈现不同的特色。蒙古族称摔跤为“搏克”，比赛时的服装很讲究，上身着帆布或牛皮制成的背心，下身穿宽松的套裤，腰扎着红、黄、蓝三色绸子。而比赛场地则比较随意，只要是草坪或松软的空地都可以。蒙古族的摔跤不分等级，采取淘汰的方式，最后决出第一、第二和第三名。

聚居于西南地区的彝族，多在每年农历六月的火把节举行摔跤比赛。在彝族，摔跤有“彝族体育之花”的美誉。彝族传说中的英雄人物支格阿龙、惹丁毫星等都是摔跤高手。彝族还有这样一句谚语：“请客没有酒不行，快乐离不开摔跤。”

侗族的摔跤也别具特色，每年农历三月十五，贵州双江县四面八方的乡亲们聚集起来举办隆重的摔跤节。在比赛开始前，要举行庄严的“起款仪式”，祭祀侗族女神“萨”，祈求比赛的圆满。届时，人们还会载歌载舞，现场热闹非凡。

形成于清道光末年的“二贵摔跤”是满族传统的体育舞蹈项目，它由一个演员通过特制的道具，以舞蹈的形式来演示两个满族武士的角力游戏。2008年1月，“二贵摔跤”列入国家级非物质文化遗产名录。

图 7.4 侗族摔跤节

五、射箭：角弓持弦，流星白羽

射箭的技艺古老，20世纪60年代在山西峙峪村北发现了一处距今两万八千年的旧石器时代遗址，出土文物中就有用石头磨制的箭头。《太平御览》记载，夏朝已有了专门教授射箭的人员。春秋时期发明了弩，战国时期弩的种类增至四种。汉代，射箭的技艺更成熟，并大量使用铁箭镞。随后，射箭一直在发展，至唐武则天时期，射箭成为选举武人的重要考核项目。据文献记载，宋朝的河北一带，民间组织的“弓箭社”达六百多个，射箭在民间爱好者广泛。清朝中后期，射箭逐渐演变为纯粹的技艺比赛。

在礼教盛行的时代，射箭还有一定的礼制，有鲜明的尊礼思想和等级观念。周朝设大射之典，天子在祭祖敬神前，就用射箭来选择可以参加祭礼的人。诸侯来朝或诸侯相会时，举行宾射。天子与臣同乐宴饮时举行燕射。各州郡乡行饮酒礼时举行乡射。对箭的使用，也有严格的规定，天子用虎候(靶)，诸侯用熊候，卿大夫以下用豹候。

锡伯族、蒙古族、哈萨克族还有跑马骑射的传统。在新疆伊犁河南岸的察布查尔锡伯自治县，家家有弓箭，人人自幼学箭，是全国有名的“箭乡”。每逢佳节，县城、乡村都要举行射箭盛会，输的一方要宰羊煮肉，宴请赢的一方及在场的乡亲邻居。锡伯族弓箭如今已成为国家级非物质文化遗产保护项目。

图 7.5 蒙古族那达慕骑射

六、赛马：娴弓似鞭，万马腾蹄

中国的赛马历史悠长。据《史记·孙子吴起列传》载，战国时期齐国大将田忌与齐威王赛马，因齐威王每个等级的马都比田忌好，所以田忌每次都输。后来孙膑运用统筹学原理，用田忌的下等马对齐王的上等马，用田忌的上等马对齐王的中等马，用田忌的中等马对齐王的下等马，为田忌赢得了比赛。到元朝，赛马、摔跤、射箭成为男子三项竞技，每年都要举行赛马比赛。

草原少数民族如哈萨克、柯尔克孜、蒙古等民族都酷爱赛马运动。他们多在夏季比较开阔的草地上举行赛马比赛。当日，远近牧民皆骑马前来，赛马被装扮一新，鬃毛、尾巴扎着彩色布条。赛马现场气氛热烈、呼喊声阵阵。比赛时，赛马一般是绕场跑三到五圈，以先到终点者为胜。

每年藏历七月十日，当雄要举行隆重的赛马会，历时三天，前后时间长达一月。赛马会的藏语为“中仁从读”，汉语译为请喇嘛念经。除了娱乐，当雄赛马会具有藏民庆祝丰收之意，在赛马会期间还会进行农牧产品的互市，并带有一定的宗教色彩。

除赛马外，还有飞马拾物、乘马摔跤、马上拔河等各种比赛项目，提升了赛马的难度和趣味。

图 7.6 当雄赛马节

七、推杆：云上羌家，以力为雄

推杆是一种传统的体育竞技项目，主要流行于羌族地区。推杆的羌语为“勿勒叽叽”。推杆比赛规则简单，对场地要求不高，男女皆可参与，有极强的群众参与性。

推杆比赛可以一对一开展，也可一人对多人或者在多人之间进行。比赛时，双方将一根长约 3 米、直径约 5 厘米的木杆或竹棍推向对方，以一方推倒或扭倒另一方作为评判标准。

据《后汉书》记载，羌人“性坚刚勇猛”，“不立君臣，无相长一，强则分种为酋豪，弱则为人附落，更相抄暴，以力为雄”。可见羌族习武的传统悠久。“推杆”和其他民间体育活动一样，最早起源于先民生活、生产的需要。随着人类文明的进步，羌族“推杆”的形式，逐渐由单一到复杂，并在实践中不断充实、丰富，成为羌族古老文化的展现形式。同时，它与羌人的生存环境、节日庆典、乡风民俗结合在一起，构成独特的羌族传统文化，是我国民族民间体育项目的宝贵文化遗产。

2008 年北京奥运会开幕式上，“羌族推杆”亮相鸟巢，将羌族传统文化推向了国际舞台。2009 年，羌族推杆列入四川省省级非物质文化遗产名录。

图 7.7 羌族推杆

第二节 童趣横生的杂艺

一、荡秋千：凌空飞舞，嫦娥下九天

关于秋千的起源说法不一：一种以为秋千由春秋时期的北方山戎民族所创，后流入中原。《艺文类聚》记载“北方山戎，寒食日用秋千为戏”。一种以为秋千缘起汉武帝，汉武帝为祈求千秋之寿，就令宫女要绳戏为乐，为避讳，称为“秋千”。

唐宋时期，荡秋千盛行。五代王仁裕《开元天宝遗事》记载：“天宝宫中至寒食节（清明前一天），竞竖秋千，令宫嫔辈笑以为宴乐，帝呼为半仙之戏，都中士民相与仿之。”唐朝诗圣杜甫在《长安清明》一诗中写道：“紫陌乱嘶红叱拨，绿杨交映画秋千。”元明清时期还将清明节定为“秋千节”。

荡秋千主要有两种方式：一是荡秋千的人坐在踏板上，由其他人在旁推拉；二是完全靠自己，利用摆动、起立、下蹲等动作使秋千越荡越高，“回回若与高树齐”才惬意。

清明节、端午节等节日，处处都会看到荡秋千的身影。河北省的武安人还有每年正月十六荡秋千的习俗。男女老少在太阳还未升起时，纷纷来荡秋千，希望在新的一年里，平平安安、无病无灾。

图 7.8　荡秋千

二、踢毽子：踢碎香风，潇洒自如

踢毽子是一项简便、易操作的传统竞技活动，在古代是杂戏、百戏的一种。宋人高承所著的《事物纪原》记载："今时小儿以铅锡为钱，装以鸡羽，呼为箭子。三四成群走踢……亦蹴踘之遗事也。"他以为，踢毽子起源于蹴踘。根据出土的汉代画像砖可以推断，汉代已有踢毽子的活动。唐宋民间，踢毽子流传广泛，有专门出售毽子的商铺。至清朝，无论是制作技艺还是踢毽技术都达到成熟。

清著名词人陈维崧曾作《沁园春》来描写女人踢毽子"娇困腾腾，深院清清……盈盈态，讶妙逾蹴鞠，巧甚弹棋。鞋帮只一些些，况滑腻纤松不自持。"《帝京岁时纪胜》里有一首童谣："杨柳青，放空钟。杨柳活，抽陀罗。杨柳发，打尜尜。杨柳死，踢毽子。"踢毽子成为岁时活动。

古代的毽子一般是用禽类羽毛和钱币制成。今天毽子的种类繁多，有用橡胶、禽类羽毛制成的羽毛毽；有用金属片、彩色纸制作的纸毽；有用扣子、各色布条做成的布毽；有用塑料做成的装饰性毽子。

毽子的基本踢法有四种：盘（用脚内侧踢）、拐（用脚外侧踢）、绷（用脚面踢）、蹬（用脚掌踢）。虽然踢毽子是雕虫小技，但它有趣又可健身。《燕京岁时记》里说，踢毽子"足以活血御寒"。

2011 年，融武术阳刚之气与舞蹈柔美之姿于一身的青州花毽，入选第三批国家级非物质文化遗产名录。

图 7.9　踢毽子

三、放风筝：放鸢清明，纳吉解秽

风筝又名纸鸢、纸鹞，距今已有两千多年的历史。中国最早的风筝由墨翟制成，《韩非子 · 外储说》载：墨翟“斫木为鹞，三年而成，飞一日而败”。春秋时期的著名工匠鲁班曾制作木鸢、纸鸢。五代时期，人们在纸鸢上缚以竹哨，哨声如筝，始有风筝之称。宋朝以后，放风筝发展成为一种娱乐活动。

文学作品中常有以风筝为题材的，如清代著名文人郑板桥作的《罢官》：“老困乌纱十二年，游鱼此日纵深渊。春风荡荡春城阔，闲逐儿童放纸鸢。”近代散文大家周作人的《儿童杂事诗》：“鲇鱼飘荡日当中，蝴蝶翻飞上碧空。放鹞须防天气变，莫教遇着乱头风。”

风筝的图样繁多，可以是神话人物，也可以是飞鸟走兽。人们喜欢将风筝制作成吉祥动物的样式来寄托美好愿景，如用龙、凤来寄寓“龙凤呈祥”；通过谐音、象征的表现手法来构成吉祥图案，如用蝙蝠的图案来寓意“福中有福”，用鱼的造型来寓意“连年有余”等。

“放鸢清明日，斗鸡寒食天”。清明节前后放风筝是中国大部分地区的习俗。而除了能寄寓美好心愿，中国有些地方的人们还相信通过放风筝可以送走晦气。

2006 年，风筝制作技艺入选第一批国家级非物质文化遗产名录。

图 7.10 放风筝

四、弹珠子：童稚益趣，玩转乾坤

弹珠子，又叫“弹球”“弹子”“玻璃球”，大小不一，小的如黄豆，大的似乒乓球。弹珠子的历史比较悠久，最早的弹珠是用廉价的石头或者昂贵的大理石制作而成。19 世纪初，出现了用陶瓷制成的弹珠。19 世纪 70 年代出现了用黏土制成的弹珠。1890 年，美国的马丁·克理斯丹森发明了能大量生产玻璃弹珠的机器，玻璃弹珠开始普及。

图 7.11 儿童玩弹珠子

弹珠子可以一对一玩，也可以数人一起玩。弹珠子有很多玩法如“出纲”，在地上画一条线为界，看谁先把对方的玻璃球打出去，遭打中的弹珠就被“吃掉”。还有一种叫“打地洞”，事先在地上挖出几个洞，先把弹珠打进洞里的一方为赢。在放学路上还可以玩“追打”，两个人一路，边走边撞击，一直玩到家门口。

第三节　恣情闲放的博弈

一、围棋：黑白两子，宇宙万物

围棋，是中国文化的璀璨明珠，是一门可以陶冶情操、启发智慧的艺术。据先秦典籍《世本·作篇》记载：“尧造围棋，丹朱善之。”围棋的历史应该有四千多年之久。春秋战国时期，围棋已在社会上广泛流传。《论语·阳货篇》：“子曰：‘饱食终日，无所用心，难矣哉！不有博弈者乎？为之，犹贤乎已。’”《孟子·告子上》：“弈秋，通国之善弈者也。”这两处的“弈”，都是指围棋。魏晋南北朝时，玄风盛行，文人喜清谈，围棋成为他们生活中的挚爱，围棋被称为“手谈”或“坐隐”。据《南史·柳恽传》记载，梁武帝曾命柳恽编《棋品》，将棋艺分九品。至唐朝，因为上层统治者的喜好，围棋之风更盛。明代棋艺精进，甚至出现了下围棋名手的流派，如永嘉派、新安派、京师派。围棋在清朝康、乾年间达到鼎盛。迄今，围棋依然活跃在民间和国际赛事舞台上，生命力旺盛。

围棋蕴含着深厚的哲学底蕴。《易经》中说：“无极生太极，太极生两仪，两仪生四象，四象生八卦，八卦生天地万物。”以为阴阳之道是宇宙万物的根本法则。而围棋中的棋子分黑白两子，黑白与阴阳对应，黑子白子的进攻、退守、交替是宇宙万物的运动规律。

中国的诗歌文化灿烂，围棋是不可缺少的抒写对象。诗圣杜甫的《江村》：“老妻画纸为棋局，稚子敲针作钓钩。但有故人供禄米，微躯此外更何求？”唐宋八大家之一的王安石热衷下棋，他的诗歌中有不少关于下棋的，如：“佳日剧棋忘旅恨，短衣驰射压儒酸。”（《初春潜兴》）“此身犹著几两屐，长日唯消一局棋。”（《晨起》）“扫空百局无敌手，倒尽千钟是酒仙。”（《湖上遇道翁》）

2008年，围棋列入国家级非物质文化遗产名录。

图 7.12 围棋

二、象棋：纸上用兵，适情雅趣

象棋是一种两人对抗性的棋类游戏，历史久远，至今仍广泛流行。关于象棋的起源众说纷纭。有的以为象棋起源于上古时期的神农氏，有的则以为源于黄帝，此外还有起源于战国或北周武帝一说。英国著名学者李约瑟在《中国科学技术发展史》一书中认为，象棋是古代中国人模拟战争而创造的一种游戏。

象棋的发展历史漫长，其前身是"象戏"，春秋战国时期，开始出现"象棋"一词。至北周，北周武帝制《象经》，王褒写《象戏·序》，庾信写《象戏经赋》。到宋代，现代的象棋形式基本确定，北宋时的象棋有大象戏与小象戏之分，到南宋，象棋一词才开始指现在的中国象棋。此后，象棋继续流行民间，其技术不断提高，元明清时期，已经出现了理论专著。《百变象棋谱》《适情雅趣》《桔中秘》《梅花谱》《竹香斋象棋谱》等都是较好的理论作品。

世界上共有四大棋类：围棋、中国象棋、国际象棋、将棋。其背后的文化都与国家的历史、政治有关，也在一定程度上折射了国家或民族的精神导向。中国的象棋，关键在于一个"和"字，是中国几千年仁、义、信、忠等民族精神的体现。

2006 年，象棋列入北京市非物质文化遗产名录。2008 年，象棋列入国家级非物质文化遗产名录。

图 7.13 国际象棋

三、麻将：吃碰杠糊，其乐无穷

麻将，原称马将，也称麻雀牌，是一种四人骨牌博戏。考其来源，众说不一。徐珂在《清稗类钞》中说："麻雀，马吊之音之转也。吴人呼禽类如刁，去声读，不知何义？则麻雀之为马吊，已确而有证矣。"他还以为麻将起于太平军中。清末学人杜亚泉则以为，麻将源于明清时期比较流行的"马吊牌""宣和牌""碰和牌"等用来赌博和娱乐的纸牌。麻将发起于广东一带，经宁波流传各地，在流传中演变成今天的麻将。

早期麻将的花色、品种繁多，变化无穷。除了万、索、筒三种花色之外，又陆续增入了东西南北中、梅兰竹菊、棋琴书画以及白、发等诸种花色，加大了游戏的难度，延长了每局游戏的时间。麻将的打法，从其产生到风行一直都在变化，但总趋势是由繁到简。一般来说，开局之后，每人摸牌 13 张，其余如"更皆卷覆，次第另抹"。摸得三张同色者叫"碰"，摸得四种同色者叫"杠"，三张顺子叫"吃"。

打麻将具有益智性、趣味性、博弈性。法国汉学家伊丽莎白·巴比诺在《中国透视》一书中说："麻将文化，它的一套隐语，它的平均主义的驱动力，它的令人眩晕的声音和手势，打麻将时品茶、饮酒和吸烟的气氛，这一切破除了命定的东西及人与世俗权力的关系。"巴比诺以旁观者的角度剖析了中国人沉迷于麻将的内在驱动力。

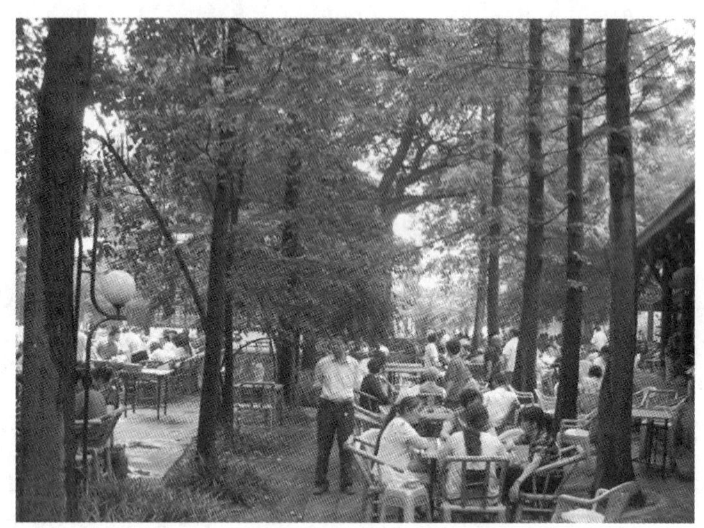

图 7.14 成都，公园内打麻将的人们

第四节 启智悦心的游戏

一、猜谜语：话中藏万物，机敏动诸宾

中国谜语最早称为“隐”，《韩非子》中记载：“右司马御座而与王隐。”春秋战国时期，有“廋辞”“廋语”之称。战国后期出现了赋体隐语，以荀子的《附论篇》最具代表性，其《蚕赋》是迄今发现最早的谜语文本。至汉代出现了射覆活动，即把东西放在器物下面让人猜。魏晋南北朝时谜语得到较大发展，刘勰的《文心雕龙·谐隐第十五》：“自魏代以来，颇非俳优，而君子嘲隐，化为谜语。”始出现谜语一词。宋代，每逢正月十五上元节，家家户户张灯结彩。为了增加节日气氛，有人在灯上张贴谜语，或藏头诗句，谓之猜灯，出现了灯谜、谜语之分。元明两朝，谜语仍盛行不衰，明朝还出现了一些研究谜语的论著和收录谜语的专集，如冯梦龙的《黄山谜》，黄周星的《廋词四十笺》，贺从善的《千文虎》等。清朝中期，文义谜语盛行，在谜面、谜材、谜底等方面都有了很大的提高和拓展。今天，猜谜这一古老的文化传统又被赋予了新的时代特色，依然具有旺盛的生命力。

谜语一般由谜面、谜目和谜底三部分组成。谜面是谜语的主要部分，是为了揭示谜底所给的条件和提供的线索，通常由简练、生动、形象的诗词、警句、短语、词、字等组成。谜目是给谜底限定的范围，如“猜一字”，就是限定谜底只能是一个字，不能是别的东西，也不能多余一个字。谜底就是谜面所提出问题的答案。

中国谜文化源远流长，最早的文谜，是南朝宋代刘义庆所著的《世说新语·捷悟篇》中所载的曹娥碑文谜，距今已有1 500多年；其中所记载的曹操在门上题一“活”字，暗示门“阔”，是中国最早的实物谜语。中国最早的字谜，是南朝宋代文学家鲍照《鲍参军集》中的字谜，如“二形二体，四支八头，四八一八，飞泉仰流”，谜底是“井”字。

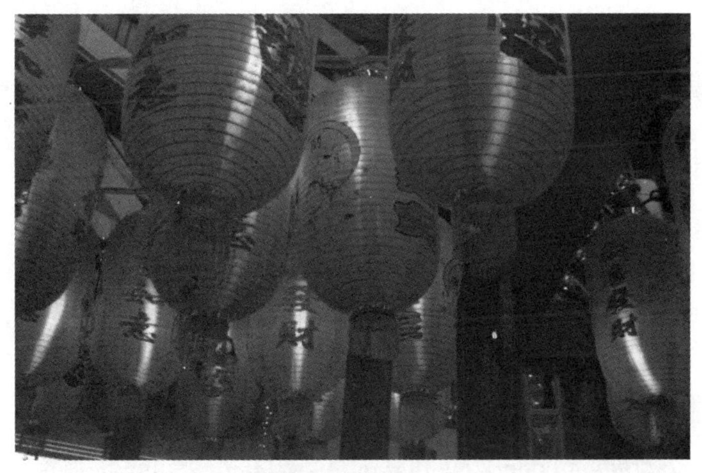

图7.15　灯谜

二、酒令：妙词戏语，把酒言欢

酒令是中国人在饮酒时用于助兴的一种方式，历史悠久。在远古时代就有为宴饮而设射礼的“燕射”，即通过射箭，决定胜负，负者饮酒。古时还有投壶的习俗，酒宴上放置一壶，来宾依次向壶内投箭，投入壶内最少者罚饮酒。《后汉书》记载：“朱卢……令章为酒令，章曰：‘臣请以军法行酒令。’”可见汉朝已有酒令的说法。

唐代，酒令文化十分兴盛。蔡宽夫《诗话》中说：“唐人饮酒必为令，以佐欢乐。”唐代酒令的形式、内容都发展到了前所未有的高度，据记载，唐代酒令有20多种，如藏阄、藏钩、手势令、卷白波、筹令、骰子令等，并出现了现存最早的一部酒令专著《醉乡日月》。唐代士大夫热衷饮酒行令，常常赋诗撰文予以赞颂，白居易诗曰：“花时同醉破春愁，醉折花枝当酒筹。”唐代以后，酒令游戏仍然风行，其名目也越来越多。这些酒令中有很大一部分是猜射性的，或猜诗，或猜物，或猜拳，它们都是以猜测某些东西的方式来决定胜负，然后人们进行赏赐或罚酒。

酒令，按形式可分为雅令和通令。雅令，是指文人的酒令，既充满智趣又古雅；通令是指大众化的酒令，如投骰子、划拳，通俗易懂、简单方便。现在常见的酒令有“虎棒鸡虫令”，分别有四种动物，老虎、棒子、鸡、虫，一物克一物，两人相对，各用一根筷子相击，同时口喊“棒棒棒棒……”或喊老虎，或喊棒，或喊鸡，或喊虫。还有“拍七”，即按照1、2、3、4……的顺序来拍，遇到7或者7的倍数时应报者只拍桌子而不出声，出声喊数的人则被罚酒。

酒令的产生与中国的酒文化相关。在中国古代，酒不仅是饮食的一类，还含有丰富的文化意义。在祭祀天地、祭拜宗庙、宴请宾客时都会用酒，并形成了酒礼酒俗。而酒令的雅和俗也因人群和场合的不同而有所不同。

图 7.16　古代的行酒令

三、七巧板：五彩缤纷，巧妙绝伦

七巧板，也称“七巧图”“智慧板”，是中国传统的智力游戏。关于它的由来说法不一，比较流行的观点是它由“燕几图”演化而成。燕几也就是“骰子桌”，最初是六只一套，大小形状可视宴会情况而定。燕几在宋代很流行，宋朝人黄长睿曾撰写《燕几图》来记载燕几的产生、发展和制作方法。后来燕几由六只变为七只，“按图设席，以娱宾客”，是七巧板的雏形。明、清两代在民间广泛流传，清代陆以湉《冷庐杂识》中写道："近又有七巧图，其式五，其数七，其变化之式多至千余。体物肖形，随手变幻，盖游戏之具，足以排闷破寂，故世俗皆喜为之。"

七巧板由七块纸板或木板组成，可以拼出各种的造型，如动物、植物、数字、建筑、人物、器物等，制作不难，但趣味浓厚，是雅俗皆可的智力游戏，在提升儿童的想象力、视觉分辨能力、认知技巧等方面大有裨益。

19世纪，七巧板从中国流传到世界各地，欧美将它称为"唐图"，意为中国的拼板游戏。1805年，欧洲已经有介绍中国七巧板的书籍，《中国儿童新编七巧板》书中有24张七巧图，按照字母顺序排列。意大利出版的一本游戏书中还说："从七巧板这种巧妙绝伦的游戏上看，中国是文明的，非有人所说是野蛮的。"

图 7.17 七巧板

思考题：

1. 简述游艺民俗的特点。
2. 举例说明游艺民俗与现代体育之间的关系。

扩展书目

[1] 崔乐泉. 图说中国古代游艺. 北京：文津出版社，2002.
[2] 郭泮溪. 中国民间游戏与竞技. 上海：上海三联书店，1996.
[3] 徐艺乙. 风筝史话. 北京：北京工艺美术出版社，1997.
[4] 雪犁主编. 中华民俗源流集成（游艺卷）. 兰州：甘肃人民出版社，1994.
[5] 王宏凯. 益智愉心的中国古代游艺. 北京：人民教育出版社，1994.

第八讲 手工艺习俗

手工艺的历史就是人类活动的历史，也是人们生活方式与文明进化的历史。日本工艺美学家柳宗悦先生在《工艺文化》中对手工艺文化有着独到的见解，他在论述“手工与工具”时，从中国的汉字入手，指出：“汉字的结构中也有吸引人的性质。‘手’作为重要偏旁在辞书中显著地占了好几页，‘扌’部基本上网罗了用手来进行的动作：打、抑、抛、抉、把、折、披、拂、技、押、持……这些字，显示了手的多种作用。意味深长的是，‘才’字偏旁也被收在手部中，‘才’意味着‘效力’、‘功能’，可组合成才技、才艺、才能等许多词汇。”这段话巧妙地将手与才、才与艺之间的关系作了一个简单的梳理，突出了手工艺在人们日常生活中的地位。

手工艺最初是为自己制作器物。人们为方便生活，必须要借助一定的器物。原初民因物资有限，所使用的器物也相对简单，树枝、树叶、石头常常成为他们利用的原材料。据史料记载，人类曾有过用槲叶作食具的历史。这类对自然物稍作加工的过程，也许就是手工艺最早的缘起了。随着人类生活的日渐复杂和繁琐，手工艺的品种和数量也在逐渐增加，人们开始根据不同的生活所需，在以往制作经验的基础上发明创造出了更便利的生产工具或生活用品，与此同时，最朴质的审美观也在这些手工艺品中尽显端倪。从手工艺的多寡、形式的繁简中，也能够透视出一个社会群体文明的程度。

对民间手工艺的分类众说纷纭，一般有两种说法。一种是按民间手工艺的功能性来分类，大致有两大类，即以实用性为主的工艺品，如陶、瓷、编织、印染、生活用具等；以观赏性为主的工艺品，如年画、剪纸、首饰、风筝等。但另一种分类，即传统的分类大多是根据工艺的制作及材料。如唐代《唐六典》记载：中央设有少府监，掌百工技巧之作。其中仅染织署就包括二十五个作。以织紝之作为例，有布、绢、绫、罗、锦、绮、褐等项；组绶之作，有组、绶、绦、绳、缨等项。宋代《宋会要稿·官职》还记有"漆作、染作、琥珀作、玉作、冷坠作、织罗作、花作、真珠作等八十一作"。由此可以看出我国古代手工艺的庞杂，从中我们也能体会到古代匠人在自己的行业当中必定是独具匠心的。

第一节 匠心妙手的实用工艺

一、陶瓷：入窑一色，出窑万彩

在不少关于考古的报道中，都会有大量的陶瓷陪葬品被考古学家们挖掘出来的内容，新的发现常常揭开新的面纱，证明着在历史的长河中，人类的足迹曾怎样走过。

中国老百姓自古就喜欢温润、看上去有灵气的东西，泥土和树木则是其中最有力的代表。将泥土烧制成陶、瓷，记录了人类在认识自然和征服自然过程中的巨大进步，成为新石器时代的重要标志。

考古学家从埋藏了数千年的土层中，将人类早期制作的艺术品展示在世人面前，世界为之震惊，从陶碗、陶罐、陶盆，到一个个活灵活现、憨态可掬的陶猪、陶狗、陶牛，叙述了许多动听的故事，表达了文明的演化和发展。

将历史的书页翻到秦兵马俑，那些陶制的将士们披坚执锐、牵缰提弓、横眉怒目，张扬着力量和神勇，显示出秦军钢铁般的军威，彰显了一个用武力说话的金戈铁马的战国时代。

与秦兵马俑风格完全不同的是"唐三彩"。同样是陶制的，但其风格已迥异——瑰丽多姿、恢宏雄俊，每一个细节都记述了中国大唐开放、热情、辉煌壮丽的时代主旋律。

宋代尚美，喜欢哲学，它的陶瓷艺术渐显俊丽清新；明清时期仍延续宋时的特点，但无论在内容上还是在艺术表达上都更显斑斓与柔丽。如此看来，一部中国陶瓷史，就是一部形象的中国民族文化史。

在中国，陶瓷制品品种繁多，而且因为陶与瓷在制作方法、物理性质、化学成分和矿物质组成等方面都是相互交错的，界限划分不是很明显，但从实质上讲，还是有区别的。陶与瓷所使用的原料土和加工温度都不同。陶器是用黏土为胎，在 800～1 000℃的温度中烧制而成；瓷器则是用高岭土（高岭土成分以高岭石为主，产于我国江西省高岭而得名）在 1 300～1 400℃的温度下烧制而成。

陶器可分为细陶和粗陶、白色和有色、无釉和有釉等几类，品种有灰陶、红陶、白陶、彩陶和黑陶等。制作过程主要为手捏、轮制、模塑和焙烧。其特点是坯体不透明，有微孔，具有吸水性，叩之声音不清。中国陶瓷业至今兴盛不衰，宜兴的紫砂壶、石湾的陶塑、界首的三彩釉陶、淄博的降色陶、铜官的绿釉陶、崇宁的雕镂釉陶，德化的瓷雕、景德镇的柳叶瓶和凤尾瓶等，均闻名于世。

瓷器大约在公元前 16 世纪，也就是商代中期已初见端倪，它是在陶器的基础之上发展而来的。中国是瓷器的故乡，瓷器的发明是中华民族对世界文明的伟大贡献，英文中“瓷器（china）”与“中国（China）”同为一词。宋代是瓷业最为繁荣的时期，当时的中国到处都是名瓷名窑，其中汝窑、官窑、哥窑、钧窑和定窑并称为宋代五大名窑。汝窑为宋代五大名窑之冠，瓷器釉色以淡青为主色，色清润；官窑的争议性比较大，一般学者认为，官窑就是汴京官窑，为宫廷烧制瓷器；哥窑在何处烧造至今尚无定论；钧窑以彩色瓷器为多，以胭脂红为最；定窑的瓷器胎细、质薄而有光，瓷色滋润，白釉似粉，称粉定或白定。被称为瓷都的江西景德镇在元代出产的青花瓷已成为瓷器的代表。周杰伦的《青花瓷》里有句歌词很美：“天青色等烟雨，而我在等你。”这里的“天

图 8.1　宋代磁州窑梅瓶

青色等烟雨”其实不是说的青花瓷，而是青瓷。青瓷釉色青翠如玉，瓷质温润如冰，造型端庄大方，而青花瓷是白胎白釉，釉质透明如水，胎体质薄轻巧，釉下绘青花，素雅清新，充满生机。青花瓷的出现最早可追溯到唐代，真正成熟于元代，明清时期达到鼎盛，风靡一时，成为景德镇的传统名瓷之冠。

二、刺绣：花随玉指，鸟逐金针

刺绣，顾名思义，是针线在织物上绣制出各种装饰图案，《周礼》中谓之“凡绣，亦须画乃刺之，故画绣二工共其职也”，也就是说，绘画和绣是刺绣的组合体，是刺绣不可或缺的两种工艺。在过去，刺绣多为妇女所作，随着礼仪制度的不断规范，刺绣甚至发展成为女人必有的一门手艺，一个女人是不是贤良淑德，其针线活（包括刺绣）成为衡量标准之一。因而，在我国，刺绣又被称为“女红”，是女孩子“闺教”的必由之路。抒情诗《孔雀东南飞》中“十三能织素，十四学裁衣，十五弹箜篌，十六诵诗书”就是一个真实的写照。刺绣是个慢工出细活的工作，长期操作，会让女人养成耐心、细心、坚韧的性格，这也许就是古人为何将其与女人的品性联系在一起的缘由吧。

在民间，刺绣更是男女双方传情达意的媒介之一。中国很多地区，女孩子常常把自己亲手绣制的鞋垫、绣花鞋、手帕、香囊、衣袋等送给自己的心上人，所以绣物往往成为纯洁、坚贞爱情的象征。而且，过去女孩子出嫁时要穿的嫁衣、陪嫁品等，都是自己和家人长期在闺中精心绣制的。

这种重视和崇尚“女红”的习俗，对我国刺绣工艺的发展和提高起到了重要的作用。

刺绣出现的时间比较早，《尚书·虞书·皋陶谟》中已有记载，“益稷帝舜命禹曰：‘予欲观古人之象，日月星辰，山龙华虫，作会宗彝，藻火、粉米，黼黻，绨绣以五彩，彰施于五色作服。’”此时的章服制度，就规定了“衣画而裳绣”。到了商周时期，刺绣工艺开始发展，又有了“绣绩共职”之记载，《太平御览》所引《太公六韬》说“夏桀商纣之时，妇人绵绣文绮之坐食，衣以绫纨常三百人”，足见当时刺绣工艺的地位。两汉时，我国民间刺绣已具有很高的水平。至唐代，用刺绣作书画、饰件甚为盛行。

宋代由于朝廷奖励提倡，刺绣十分发达，据《宋史·职官志》记载，当时宫中甚至设立了文绣院来掌管刺绣。宋代绘画发展至最高境界，绣工们将书画带入刺绣中，山水、楼阁，人物、花鸟等成为绣画的主要题材，刺绣由实用进入艺术欣赏的领域，形成独特的观赏性绣作。为使绣作达到传神之意境，绣工们从绣前到绣时都有精密的安排，一件上乘之作往往要花费绣工很多工时。明代董其昌《筠清轩秘录》载：“宋人之绣，针线细密，用绒止一二丝，用针如发细者，为之设色精妙光彩射目。山水分远近之趣，楼阁待深邃之体，人物具瞻眺生动之情，花鸟极绰约馋唼之态。佳者较画更胜，望之三趣悉备，十指春风，盖至此乎。”可见绣作的非同一般了。因此，宋代的名绣工是相继辈出的。

我国特有的刺绣很多，包括很多少数民族地区富有民族文化特色的刺绣，在这些刺绣中，脱颖而出的有苏绣、湘绣、粤绣和蜀绣，统称“四大名绣”。

蜀绣是“四大名绣”的代表之一，以软缎和彩丝为主要原料，讲究“针脚整齐，线片光亮，紧密柔和，车拧到家”，绣刺技法甚为独特，至少有 100 种以上的精巧针法绣技，如晕针、铺针、滚针、截针、掺针、盖针、切针、拉针、沙针、汕针，以及五彩缤纷的衣锦纹满绣、绣画合一的线条绣和精巧细腻的双面绣。蜀绣题材多为花鸟、走兽、山水、虫鱼、人物等，既有巨幅条屏，又有袖珍小件，是观赏性与实用性兼备的精美艺术品。现在北京人民大会堂四川厅的巨幅“芙蓉鲤鱼”座屏和蜀绣名品“蜀宫乐女演乐图”挂屏、双面异色的“水草鲤鱼”座屏、“大小熊猫”座屏，都是蜀绣中的代表作。

图 8.2 蜀绣：国宝熊猫

三、竹编：编削锁扎，宛如天成

我国的竹编和工艺产区主要集中于长江流域，它属于温湿性亚热带地区，尤其适于竹类的生长，流域内的竹山林海不计其数，而且品类繁多，适合破篾编制的优质竹也不少。竹篾编制工艺的主要产地和产品有：四川平乐的瓷胎竹编、崇州竹编、青神竹编、珞渝竹编、开县凉席、梁平竹帘、自贡龚扇；江西铅山竹编、井冈竹编；贵州荔波凉席、印江土家竹席；湖南益阳水竹凉席、湖北咸宁竹编、安徽的龙舒贡席以及浙江东阳竹编、嵊县竹编、平湖竹编和沅陵穿丝篮、杭州竹篮等。分生产、生活器具及竹编装饰品几大类。

四川素有竹乡之称，竹编工艺发达、艺人技艺高超。巴蜀一带流传着一位王姓篾匠——“王巧手”的故事。传说他曾用一夜功夫编出巫山、秦岭，挡住了官兵的侵扰，使当地百姓安居乐业。至今当地还有这么一首民谣：“蜀竹编成巫山险，蜀竹编成秦岭奇；巫山为门秦岭户，一夜巴蜀大门立。”足见竹编工艺在民众心目中的神奇地位。

四川竹编种类的代表作有：

1．梁平竹帘，是中国南方的特产。它既实用，又是美化生活的装饰物。编制帘子，在我国有久远的历史。帘子在古时候叫薄，或叫箔。箔可能是帘的早期称呼。《庄子·达生》有“高门悬薄”之句。《史记》记载：“绛侯周勃者，沛人也，以织薄曲为生。”“薄曲”就是一种养蚕用的帘子。古人往往帘箔并称，而薄与箔则有雅俗之分，上了典籍的叫薄，民间俗称为箔，进而称帘。汉《释名》中解释说：“帘，廉也。自障蔽，为廉耻也。”唐代诗人李白有诗句：“明月高高刻漏长，珍珠帘箔掩兰堂。”《南史》载沈麟士“居贫，织帘读书”，“乡里号为‘织帘先生’”。

被人们称誉为“天下第一帘”的四川竹帘起源于宋朝。数百年来，它由于制作精、工艺巧、装饰美、款式多而独占行业鳌头。梁平盛产竹子，当地的毛竹纤维长、拉力好、韧性强，易于劈篾劈丝，便于编制长、方、圆、扁各式画帘。

据《梁平县志》载，这个县所产的竹帘，细如毫发密如丝。光绪年间就发展了油漆彩绘的画帘。这种画帘，是用光滑纤细的竹丝作纬线，蚕丝作经线编制而成，然后画上山水、人物、花卉、翎毛、走兽等国画，成为精美的画卷。

2．瓷胎竹编。它又称“竹丝扣瓷”，始于清光绪三年（1877 年）。瓷胎竹编采用江西瓷都景德镇瓷器作胎，以蜀地邛崃山脉的优质慈竹作料，精选慈竹中优质的几节，进行抽丝加工。每公斤慈竹仅能抽得篾丝八克左右。其篾细如发丝、柔如绸缎，紧扣瓷胎，随形就势，织成竹衣。制成的成品不露接

图 8.3　艺人在制作瓷胎竹编

头、天衣无缝，色泽柔和，美观实用。传统的编制方法有密编、扭丝编、穿插锁花编等。近年来，瓷胎竹编有了更大的发展，品种从花瓶逐渐增加到茶具、文具、酒具、首饰盒、挂饰等，胎体还引进了玻璃器、金属器、漆器等。

此外，四川成都崇州的竹编器具、自贡的竹丝扇、安岳凉席、丰都竹席，都是很有名的。

第二节 装点人间的观赏工艺

一、剪纸：春花秋菊，刀下逐出

春节，作为中国人最隆重的节日，蕴含了太多朴实而又真诚的情感。从古至今，上到官员，下到普通老百姓，在年节将近之时，就开始马不停蹄地准备年货了。年节是否隆重，就要看准备年货的兴头足不足了，足者，老百姓谓之"年味浓"，反之，则谓之"年味淡"。过年图喜庆，忌悲伤，所以孩子们在此时备受宠爱，只要不是太大的过失家人都不会计较。待到腊月二十三小年过完之后，中国人的年就正式开始了。家家户户都忙着打扫庭除，除旧布新，不管是亭台楼阁，还是茅屋陋室都会里里外外打扫得一尘不染，为了让房屋更添喜庆，女人们的手工活就在这时派上了用场。最让人津津乐道、喜闻乐见的便是至今仍流传在民间的手工艺——剪纸了。

图 8.4 剪纸：猪

剪纸是旧时女人一门女红必修课。女孩子从孩提时期就受到奶奶、母亲、婶嫂等女性的剪纸艺术的熏陶，学习她们剪纸的花样，通过临剪、重剪、画剪等方式刻画自己熟悉的自然景物、鱼虫鸟兽、花草树木，技艺熟稔者，已能达到随心所欲的境界了，信手就会剪出自己想要的花样。

民间剪纸的应用范围甚为广泛，举凡民间灯彩上的花饰，扇面上的纹饰和刺绣的花样，装饰家居的饰物，如门栈、窗花、柜花、喜花，棚顶花等，无一不是利用剪纸来装饰或再加工的。

窗花是民间剪纸中最为普遍、经典的种类之一。过年贴窗花是老百姓美化居室、增添喜庆祥瑞气氛的重要民俗活动。窗花的内容丰富，形式多样，寓意深远，常见的有“龙凤呈祥”“年年有余”“鸳鸯卧莲”“双鱼贺喜”“喜鹊闹梅”“八仙过海”“榴开百子”“五谷丰登”“人畜兴旺”以及五毒辟邪、神仙道子、花卉瓶饰等，还包括与日常生活和美好愿望有关的主题，以及表现戏曲的题材，如三国、水浒、红楼梦、西游记、西厢记、白蛇传、牛郎织女等。现在的窗花还有与时代合拍的反映新人新事新风尚题材的。清代的《崇川咫闻录》中描述：“窗花出西南营，劈纸破，安银晶片、五色绸其中，胶贴成幅，镂纸如丝缀，花样嵌空玲珑，有花盆、花篮、花瓶，鹅、鹤、猫、兔、蝶诸状，糊窗似云母屏一小段。皋学金谓赠窗画启云：‘纸含曙色，喜无入户生侵；花送春光，窥到隔栌影动。’”足见窗花之美。陕北安塞的妇女酷爱剪窗花，多有巧夺天工的剪刻高手。据说这里过年如果看见谁家不贴窗花，那家的窗户则会被称为“瞎窗子”，表示不吉利；如果当地谁家的姑娘媳妇不会剪刻窗花，则会被人瞧不起，甚至找婆家都会有困难。

剪纸的形式主要有两类：单色剪纸和彩色剪纸。

单色剪纸，即用单色纸剪成图案，也称黑白剪纸。成本低廉，简单易行，是剪纸中数量最多、应用地区最广的一种。一般而言，用于观赏、装点功用的剪纸用红色、蓝色、金色、绿色、黄色、银色等颜色鲜艳的纸，用于鞋样、刺绣花样的则选择白色的纸，因为白色纸张比有色纸张要便宜。单色剪纸最能体现艺人的刀法和构图。

彩色剪纸，即在一幅剪纸上有很多种颜色，富丽堂皇，主要包括分色剪纸、拼色剪纸、套色剪纸、衬色剪纸、点色剪纸、填色剪纸、勾绘剪纸、木印剪纸等。每种剪纸的方式不同，勾勒出的图案也各有特色，备受人们喜爱。

剪纸是用纯手工做成，常用的工具有剪刀、刻刀、磨石、刻盘和粉袋。磨石，顾名思义，就是磨刻刀用的工具，一般以油石为佳。剪纸时，刻刀要边磨边刻，因此磨石是必不可少的一部分；刻盘，也称蜡盘或油盘，是刻纸时垫在纸下面便于行刀用的托盘；粉袋，即为装有滑石粉、菱粉或山芋粉的细布袋，刻纸前，将粉扑在刻盘上，以免刻时纸与刻盘粘连。

剪纸的刻法分为阳刻、阴刻和阴阳刻三种。阳刻以线为主，线线相连，把形留住，其余的剪去，称为正形；阴刻以块为主，把图形的线剪去，线线相断，把形剪空，称为负形。阴阳刻，阳刻与阴刻的结合。

民间剪纸的构图思维不受生活惯例、题材内容的局限，将若干想象创造性地组织起来，使之产生连贯、对比、衬托的作用。这种平面化取物的表现手法，增强了剪纸的主观性、时空性、立体性、全面性，其最终目的就是为了追求造型的完整。

二、木版年画：浓墨重彩，线条古拙

说到中国民间美术，我们不得不说的就是中国木版年画，它是木版雕刻与印刷相结合的一种艺术门类，内容朴质、传神，表达了普通老百姓最朴素的思想情感和美好生活向往，是春节必不可少的节日装点。中国很多地方都产年画，在历史上久负盛名的有山东潍坊的杨家埠木版年画、四川的绵竹年画、江苏的桃花坞年画、天津的杨柳青年画，被誉为中国的“年画四大家”。

四川绵竹年画，多为线版拓印，手工施彩，特色鲜明，别具一格，具有浓郁的乡土风韵，且题材广泛，涵盖避邪迎祥、神话传说、戏曲故事、民俗风情诸多主题，深受民众欢迎。绵竹年画产品曾覆盖中国西部以及湖广、陕甘、青新、滇黔，辐射至越南、缅甸等东南亚地区。在农耕文明基础上形成、发展起来的绵竹年画历经数百年发展，几经周折，曾盛极一时，今天，随着农耕文明的远去，大规模的绵竹年画生产已渐入式微，淡出了现代人的经济生活，但正如冯骥才先生所言：这是“前人留下如此无上之瑰宝，我辈当以全力护之，将它细心整理好，请它登堂入室，传之永世”。

史载，绵竹古为蜀山氏地，西周时为蚕丛国的附庸。秦隶蜀郡，西汉高祖六年（前 201 年）置绵竹县，以竹名县，因其“地滨绵水，多竹，故名”。（《华阳国志·蜀志》）

绵竹年画在长期的艺术实践中形成了自己独特的艺术风格。它构图对称、简练，形象夸张、变形，线条古拙、流畅，色彩艳丽、明快，工艺、手法独特，充溢着浓郁的乡土气息，深受大众的喜爱。

讲究对称是绵竹年画构图上的一大特色。追求画面的对称美，绵竹年画的艺人们表现出非凡的热情。尤其是门画的构图，从武将、文官到童子，都是对称构图。又于稳定的对称里，融入了灵动的元素。如门画《三喜童子》，为追求对称构图的生动效果，艺人们在细节处理上费了一番心思：两边的童子发式殊异，服饰色彩、纹饰迥别，寿桃与金瓜对称，蝙蝠与蝴蝶呼应。表现出极强的装饰意味。

形象夸张、变形是绵竹年画人物构图比例的特点。绵竹年画画诀中有“立如一张弓，坐如一口钟"，就是对年画人物夸张、变形的经验之谈。年画艺人按照自己对年画功能、年画人物性格的理解，通过对形象的夸张、变形，来突出年画人物的特征。因此，绵竹年画的人物构图有一个共同的规律，即人物形象纵向压扁，横向扩宽，健康壮硕，十分英武。画诀"大门（武将）要歪（威严），睡房门（童子、仕女）要乖"就是人物造型夸张、变形艺术实践的重要总结。门神《双扬鞭》中秦琼、尉迟恭的威武雄壮是被广为称道的，画中人物采取"三掉身"（头颈部、胸腹部、腰臀部三处均向不同方向扭曲变形）的动态表现手法，使具有雕塑感的夸张形象撑满整个画面，给人以强烈的艺术感染力。

图 8.5 绵竹木版年画：双扬鞭（陈兴才作品）

注重整体布局，讲究明快简练是绵竹年画构图的第三个特点。年画的构图，合理地使用宾主、虚实、呼应、开合等对称统一法则，从门画到斗方中的仕女，戏曲人物，大多不设或少设背景，画中的空白绝不是画面的割裂，而是有机地联系着画中的各个部分，这种"取一而舍万千，明一而现千万"的质朴构想和处理，让观者超越画面去自由想象，起到了画有尽而意无穷的效果。

以线造型是绵竹年画构图的第四个特点。线是绵竹木版年画构图、造型的基本手段，形因线而立，神因线而传。年画艺人在长期的艺术实践中，积累了一整套以线造型的艺术规律，有一条画诀称："流水褶子（指线条）要活套，铁线褶子要挺直。"这一曲一伸的变化，是绵竹年画用线上动、静结合的艺术处理，它给整个画面带来了韵律感和节奏感，给人以刚柔相济的艺术享受。

绵竹年画色彩艳丽，对比鲜明，富丽堂皇。艺人们在长期的艺术实践中，总结出绵竹年画一整套配色上的经验，形成了强烈鲜明的色彩对比，及衬托性色彩巧妙配合，以色扶形的用色特点。

值得一提的是，绵竹年画中有一种特殊的写意表现手法——"填水脚'，用这种手法制作的门神，被戏称为"行门神"（画得快的意思）。不识货的把它叫做"赶水货"。其实它与粗制滥造的"赶水货"有质的不同。这种门画是年画艺人的率意之作，没有娴熟精湛的技艺不能为之。它仅用一两个颜色，寥寥数笔一气呵成，画面线条与灵动的水墨色彩矛盾统一，犹如国画人物的写意笔法，洗练简括、笔力雄健，神韵十足，充溢着文人画的雅趣，实为绵竹木版年画中的上乘之作，十分珍贵，极受行家称道。

第三节　祈福求安的吉祥工艺

面塑：油面糖蜜，塑形绘影

我国北方主产麦稷，南方主产稻谷，因主要农产品的不同，南北方的饮食结构也出现了很大的差异性，北方以面食为主，南方则以稻米为主。不同的饮食结构酝酿了不同的民俗文化。

以面食为主的北方老百姓与面打了几千年的交道后，不仅对面吃出了新花样，也玩出了新特色。晋北人家供神要用当地称为“枣山”的一种供品。“枣山”即为面食的一种，被视为人神交流的桥梁，制作极为讲究。把发好的面擀成大三角形，上面铺一层红枣，再用面做成盘云、盘龙、盘兔、如意纹样，间或点缀以连理、元宝、下山虎、上山鹿、瓜果之类，以五谷杂粮点睛镶鼻，最后上蒸笼蒸熟。外形绵颖憨实，色彩对比强烈，甚为壮观。大年初一迎神之时供于神位之前，谓之“米面成山”，表达一种丰衣足食的美好愿望。有些地区新房起架，上梁大吉时，亲朋好友、街坊邻居都要做花桃花馍来庆贺，谓之“扶梁”。新麦上场，尝新时，要磨一斗白面做雪白的大贡，油炸出各种精巧的面花，酬谢五土，恭请土神安家。七月七乞巧节，姑娘媳妇们要吃面做的“顶针”“针线笸箩”，期望自己心灵手巧……所有这些面点不再是简单的食用品，更多的是凝结着老百姓对美好生活向往的艺术品。我们现在纯具观赏性质的面塑就脱胎于这些花样百出的面点，与之在很早以前就有了千丝万缕的关系。

面塑，老百姓又叫面花、礼馍、花糕、捏面人等。它以面或糯米面为主料，用手和简单工具，塑造出各种栩栩如生的形象。面塑始自何时已不可考，最早对面塑艺术有所记载的是汉代。南宋《东京梦华录》中对捏面人记有：“以油面糖蜜造如笑靥儿。”可见，那时的面塑是可以吃的，俗称“果食”。

就捏制风格来说，黄河流域的面塑古朴、粗犷、豪放、深厚；长江流域却是细致、优美、精巧。

旧时的面塑艺人常常挑担提盒，行走于村巷、胡同之间，用刀、剪、篌、梳等工具，把已发酵揉匀的面团，经过搓、捏、切、压、剪等工序，塑造出一个个栩栩如生的动植物和人物形象，有老虎、狮子、山羊、燕子、喜鹊、猪八戒、孙悟空等，深受孩子们的喜爱。

随着科学技术的迅猛发展，娱乐方式的不断推陈出新，面塑的生存空间越来越小。面塑艺人们为在市场中占有一席之地，在原有的技术手段上进行了改进。他们将原来只以活面为原料，变为活面与死面相结合、生面与熟面相结合，还通过原色与染色的多种处理方法，使面塑造型色彩等方面都有了新突破。通过技术改造的面塑作品不霉、不裂、不变形、不褪色，为广大旅游者喜爱，成为馈赠亲友的纪念佳品。

思考题：

1. 了解你身边有哪些独特的手工艺，熟悉其工艺流程和文化内涵。
2. 举例说明传统手工艺在现代生活中的意义和价值。

扩展书目

[1] [日]柳宗悦. 工艺文化. 徐艺乙，译. 北京：中国轻工业出版社，1991.
[2] 田小杭. 中国传统工艺全集：民间手工艺. 郑州：大象出版社，2010.
[3] 李亚娃，尹成. 徐州民间文化集：工艺美术. 北京：中国文联出版社，2004.
[4] 王冠英. 中国古代民间工艺. 北京：中共中央党校出版社，1991.

第九讲 民间戏曲

戏曲熔唱、念、做、舞为一炉，是融合了文学、音乐、舞蹈、美术、杂技的综合艺术。

从原始狩猎到部落巫觋，从古代倡优到宫廷歌舞，各种戏曲起源最后百川交汇、雅俗更替，聚成浩荡的艺术长河。民间戏曲在民间艺术的土壤里百花齐放、异彩纷呈，各类地方戏曲遍布大江南北。按照戏曲的表现形式与特点，可以大致分为秧歌戏、花灯戏、采茶戏、花鼓戏、道情戏、木偶戏、皮影戏、藏戏、傩戏、端公戏等十类，它们具有浓厚的地域色彩与民族风情，丰富了老百姓的娱乐生活。

林林总总的民间戏曲遍及全国乡村城镇，扎根民众生活，与各地的风俗民情水乳交融。民间戏曲与大众的娱乐、节庆、信仰、祭祀等民俗活动息息相关，其本身也成了民俗活动的重要组成部分。

第一节　戏曲沿革：巫觋倡优，唱念做打

一、戏剧起源：巫觋歌舞戏剧兴

王国维先生说：戏曲者，谓合歌舞演故事也。戏曲熔唱、念、做、舞为一炉，是文学、音乐、舞蹈、美术、杂技等多种艺术元素的有机综合。中国戏曲的起源一向众说纷纭，有源于古代的“巫觋”之说，有始于春秋时代楚国的“优孟”之说，还有诞生于“宫廷歌舞”之说，传自“西域”之说以及“傀儡”说等。其实，中国戏曲的起源是多源的。要考察中国戏曲的起源，先让我们一起穿越时空隧道，重返中华文明的远古时代，去看看那些戏曲的涓涓细流是如何高低交错、百川交汇，最后变成浩浩荡荡的艺术长河。

在原始社会时期，人们依靠打渔狩猎生存。为了猎捕较大的动物，他们要披上兽皮、戴上兽角，模仿动物的动作，以便于接近动物，于是最早的戏曲因素“扮演”就萌芽了。发轫于 6 000 年前的古汉字透露出了这种萌芽的依稀痕迹，在甲骨文里的“舞”字写作，表示一人两手各执一根牛尾，表现了中国最初的舞蹈与狩猎生活的密切关系。这正跟《吕氏春秋·古乐》中所记载的相吻合：“昔葛天氏之乐，三人操牛尾，投足以歌八阕。”青海上孙家寨遗址出土了距今约 5 000 年前的彩陶舞蹈纹盆（图 9.1），彩陶盆上画着 15 个人，上有发辫，下有尾饰，5 人一组，携手起舞，画上舞蹈者的尾饰，正是以人扮兽的“扮演”的痕迹。原始人在狩猎活动中，或披兽皮以模拟，或执牛尾以操练，或捧猎物而欢呼，原始舞蹈便同他们一起融入了大自然。初民时期，这种歌舞也许只是简单的肢体动作和狂呼乱叫，用来宣泄狩猎成功或饱餐一顿的愉悦心情。所以，我们不难在很多远古岩画看见原始歌舞与群体狩猎相伴出现的场景。

图 9.1　彩陶舞蹈纹盆

随着历史的演变，人类对自然的认识进一步深入，人们开始崇拜各种神灵。为了取悦神灵、祈求护佑，古代的巫觋诞生了。“巫”在《说文解字》中

的解释是："巫，祝也。女能事无形，以舞降神者也。象人两褎舞形。与工同意。"巫觋是沟通天地神人的使者，当他们以歌舞进行巫术仪式时，他们进入迷狂状态而以神灵代言者的形象出现在人们面前，这就是后世戏剧中演员装扮角色的雏形。王国维的《宋元戏曲考》指出，这些巫觋"浴兰沐芳，华衣若英，衣服之丽也；缓节安歌，竽瑟皓倡，歌舞之盛也；乘风载云之词，生别新知之语，荒淫之意也。是则灵之为职，或偃蹇以象神，或婆娑以乐神，盖后世戏剧之萌芽，已有存焉者矣。"也就是说，这些男女巫师穿着华丽的衣服，随着乐器伴奏而歌舞，口中念着古怪俚俗的词语，他们或装扮为神灵，或歌舞以娱神，在这种巫术仪式中，已经含有戏曲因素的萌芽了。

再往后，社会生产日益发展，人们满足了温饱之后，就产生了文化娱乐的需求。于是过去娱神的歌舞，就被用来娱人了。以歌舞娱人的那些人，被称作"优"或"伶"。在古代，优和伶各司其职，伶主管音乐，优负责表演。在传说中，黄帝让伶伦伐竹做笛，作凤鸣之乐。古代的倡优往往擅长幽默表演，如司马迁的《史记·滑稽列传》里就写了两个著名的倡优。一个是优孟——"楚之乐人也。长八尺，多辩，常以谈笑讽谏"。一个是优旃——"秦倡侏儒也。善为笑言"。这两个人都是侏儒，相貌滑稽，善于逗笑。在四川出土的东汉陶说唱俑（图 9.2）相貌滑稽、表情夸张，生动地反映出古时倡优的形象。所以，王国维认为："古之俳优，但以歌舞及戏谑为事。自汉以后，则间演故事；而合歌舞以演一事者，实始于北齐。顾其事至简，与其谓之戏，不若谓之舞之为当也。然后世戏剧之源，实自此始。"

图 9.2 东汉陶说唱俑

（杨骊摄于武侯祠博物馆）

由此可见，从原始狩猎模仿到巫觋做法，再到倡优作乐，中国戏剧经历了一个渐次发展演变的过程。当娱神的神圣光环日益暗淡，戏剧就成为洒落在民间艺术土壤上的星星之火，蓬勃地发展起来了。

二、发展沿革：娱完神来且娱人

《礼记》记载了传说中古老的伊耆氏部落举行的娱神乐舞——"蜡祭"。"蜡"是天子为了酬谢与农事有关的八位神灵而举行的祭祀，祭祀由巫师主持，既有歌舞音乐，又有情节扮演。殷商到春秋战国是一个巫风流行的时代，尤以楚国为盛。王逸的《楚辞章句》讲述了屈原创作《九歌》的过程："楚国南部之邑，沅湘之间，其俗信鬼而好祠，其祠必作歌乐鼓舞，以乐诸神。屈原见俗人祭祀之礼，歌舞之乐，其词鄙俚，因为作《九歌》之曲。"其实，《九歌》就是屈原模仿楚国巫觋迎神送神所唱的傩辞而创作的，由此可见当时巫觋之风与戏曲的密切关系。

不过，到了秦汉以后，娱神的歌舞逐渐转为娱人。中国民间歌舞、杂技等经常拼凑在一起表演，统称为"散乐""百戏""角抵"。在汉代画像砖石中有丰富多彩的舞乐百戏图像，展现了汉代乐舞高超的艺术水平。从画像砖石的内容来看，多表现的是戏剧娱人的场景。其中有一块四川成都东汉墓出土的《宴舞》（图9.3）画像砖，图中上方是两个人手执刀剑道具在搏戏，图的下方有一女子，双手执长绸而舞，动作飘逸，舞女身后有一形象滑稽的男子，似在追逐女子。图的左边摆着酒席，坐着两桌人在观看表演。

图9.3　宴舞

汉代三辅地区（今陕西关中一带）的民间艺人会演一个叫做《东海黄公》的节目。这个节目表演了一个完整的故事，讲的是东海人黄公，年轻时候法术了得，能降龙伏虎。后来，东海发现白虎，叫黄公去制服白虎。但是由于他饮酒过度年老力衰，法术不灵验，结果不但没有制服老虎，反而被虎所害。这个节目有一定的情节、场景，有人物角色的装扮，还有走索、顶竿等杂技。故而，有的戏剧理论家认为《东海黄公》是"中国戏剧形成一项独立艺术的开端"。

东汉以后，佛教的寺院和道教的宫观在宗教性的节日里都会组织各式各样的游艺活动。到了魏晋南北朝时代，寺庙已经演化为与市井游艺场所并存的大众化游乐场，宗教性的节日实际上成了老百姓的狂欢节。据杨炫之的《洛阳伽蓝记》记载，洛阳长秋寺每年四月四日佛像出巡之际，一路上举行的各种民间演艺活动，引来如潮的观众："吞刀吐火，腾骧一面；彩幢上索，诡谲不常。奇伎异服，冠于都市。像停之处，观者如堵。"还有昭仪尼寺在佛像出巡之时，也是"伎乐之盛，与刘腾相比"。由此可以看出，在宗教节日活动中的伎艺表演已具有综合性，成为民间戏曲赖以形成的基础。

南北朝以来，民间不断有精彩的小戏出现。影响较大的如颇具滑稽讽刺风格的"参军戏"，载歌载舞的《踏摇娘》，戴假面以歌舞表演故事的《拨头》《代面》等，这些歌舞戏均有简单的故事情节、人物装扮和歌舞形式的表演。这种"合歌舞以演一事"的艺术样式，是后世戏曲的源头。这类歌舞小戏在隋唐时代不仅流行于市井寺庙，而且进入了宫廷。

在唐代，寺庙里流行讲唱，僧侣们吸收民间通俗歌曲的调子，用韵白相间的说唱形式讲唱宗教故事和世俗故事，艺术生动地向群众讲授宗教教义。寺庙里讲唱"变文"作为一个新品种，有不少篇章可以分角色演唱，这就为中国戏曲奠定了说唱的基本格式，同时提供了可以登台表演的脚本。在民间隆重的宗教节日——七月十五日佛教的"盂兰盆会"（道教称"中元节"）期间，则出现了以目连变文为基础的目连戏。直至当代，目连戏也还是民间戏曲中的一个颇为特殊的传统曲目。

宋代以后，城市勾栏瓦舍的日常营业和城乡宗教节日活动中演剧已成习俗。它们或称"院本"，或称"杂剧"，共同的特点都是以歌舞演故事。此后，宋元南戏和元杂剧互相吸收，又衍生出明清时代流行四五百年的戏曲剧种——传奇，中国戏曲的艺术长河便浩浩荡荡地一直奔流到如今了。

三、雅俗变迁：江湖庙堂轮番演

戏曲和其他艺术一样，也有雅俗之分。"雅"一般是指高雅不俗的戏曲，主要流行于上流社会、文人雅士之间；"俗"是指世俗大众化的戏曲，普遍流行于乡村市井。不过，在中国文化史上，戏曲在雅俗之间不断转换，时而江湖、时而庙堂地交替着发展。

《孟子》里讲了齐王不喜雅乐而喜俗乐的故事，齐王说："寡人非能好先王之乐，直好世俗之乐耳。"可以由此看出世俗音乐的魅力。焦菊隐先生曾指出戏曲的特点："戏是在民间产生，在民间演唱的。"活跃在市井小巷、乡村农舍的戏曲，被民间文化的养分所深深浸润，"俗"可以说是中国戏曲的本色。李渔的《闲情偶寄》指出："戏文做与读书人与不读书人同看，又与不读书之妇女小儿同看，故贵浅不贵深。"戏曲浅显生动，兴起于民间且流行于民间，是"下里巴人"喜爱的对象，有鲜明的俗文化色彩，跟老百姓的世俗生活结下了不解之缘。

以明代到清代为例，传奇的语言风格在雅俗之间屡次转换、相互扭结，就反映出明清时期文人审美趣味与平民审美趣味之间的对立与交融。兴于民间的传奇，在文人的手中不断地“雅”化，渐渐失去民间戏曲的特色，失去广大百姓观众，到清代中叶以后逐渐衰落。与此同时，民间艺人则在歌舞与说唱的基础上不断地创造出戏曲新品种，各地区的民间小戏蓬勃发展。它们的名称不一，如梆子腔、乱弹腔、二簧调、啰啰腔……当时与以昆曲为代表的“雅部”戏曲相对的“俗戏”，统称为“花部”。“花部”戏曲从内容到形式都展现了民间艺术朴素生动的特色，受到民众的欢迎，表现了强大的生命力。正如清人焦循《花部农谭•序》所云：“其事多忠孝节义，足以动人；其词直质，虽妇孺亦能解；其音慷慨，血气为之动荡。郭外各村，于二、八月间递相演唱，农叟渔父以为欢，由来久矣。”有些花部戏曲由农村进入城市，在戏馆茶楼演唱。有的到近代发展成为有全国影响的大剧种，如梆子、皮黄等，京剧便是在吸收南北各地不少民间戏曲营养的基础上形成。有的则一直以民间小戏的姿态活跃在广大城乡。

元明清各代，从中央到地方各级官府以及乡约，经常颁布对民间戏曲的禁令，一些土生土长的民间小戏成了被扼杀的对象。但是，民间戏曲的艺人们以坚韧顽强的精神，借助于民俗的传承性和稳定性的巨大力量，在封建统治下艰难存活下来，使民间戏曲得以流传。

第二节　戏曲种类：千姿百态，异彩纷呈

民间戏曲不仅历史悠久，而且遍布大江南北，种类繁多，异彩纷呈。钟敬文先生在《民俗学概论》中把戏曲分为宗教戏剧、花鼓采茶、秧歌、说唱、傀儡影戏五大类型。本节则根据戏曲的表现形式与特点，把它们大致分为以下十类逐一介绍。

一、秧歌戏：田间地头，秧歌扭起

秧歌戏是我国北方地区广泛流行的一种民间戏曲，主要分布于山西、河北、陕西、内蒙古、山东等地。它起源于农民在田间地头插秧劳作时所唱的歌曲，后来与民间舞蹈、杂技、武术等表演艺术相结合，在每年的正月社火

（欢庆春节的传统庆典）时“闹秧歌”“扭秧歌”，逐渐形成演唱带有故事情节，载歌载舞的戏曲形式。

各地的秧歌戏多以兴起或流行的地区命名，如山西的朔县秧歌（图 9.4）、繁峙秧歌，河北的定县秧歌、隆尧秧歌、蔚县秧歌，陕西的韩城秧歌、陕北秧歌等。各地秧歌戏的传统剧目一般分为小戏和大戏两类：大戏有《花亭会》《白蛇传》《老少换妻》《梁山伯下山》《安安送米》等；小戏俗称“耍耍戏”，包括《王小赶脚》《拐磨子》《绣花灯》《做小衫衫》《蓝桥会》等。秧歌戏形式比较灵活、自由，语言通俗风趣，长于表现现实生活，因而极受欢迎。

图 9.4　朔州秧歌戏

秧歌戏的角色有膏药客、翠花、小谩、棒槌、鼓子等。它的表演内容可分为“跑场引人”“膏药客打诨”“乡土小戏”等。秧歌戏的音乐伴奏，一般用旋律优美、音调多变、节奏明快、乡土气息浓郁、羽调式的民间吹打乐。秧歌的音乐根据舞蹈情绪灵活运用，两者在力度与速度上高度和谐统一。秧歌戏的基本动作主要有“翠花扭三步”“撇扇”“小扭”“棒花”“丑鼓八态”等。秧歌戏中，女性的动作“抬重踩轻腰身飘，行走如同风摆柳”，富有韧性和曲线美，“扭断腰”“三道弯”是其代表动作；男性的动作则有“棒槌”的轻脆洒脱，“鼓子”的“丑鼓八态”，韵味奇特。

目前秧歌戏常演的剧目有“拉磨”“顶灯”“双拐”“打灶王”等，表演中有舞蹈有技巧，深受老百姓青睐，如“拉磨”要充分运用方桌表演技巧，“顶灯”要顶着灯做一些高难动作。民间谚语有“听见秧歌唱，手中活茬（活计）放一放，看见秧歌扭，拼着老命瞅一瞅”，就充分表现出人们争看秧歌的心情。2006 年 5 月 20 日，秧歌戏经国务院批准列入第一批国家级非物质文化遗产名录。

二、花灯戏：元宵时节，载歌载舞

花灯戏跟民间元宵节时的赏灯、赛灯、闹灯的习俗有关，由花灯歌舞发展而来，是清末民初形成的一种地方戏曲形式，俗称灯夹戏、花戏等。它的突出特征是手不离扇（帕），载歌载舞，唱与做紧密结合。花灯戏在流行过程中因受当地方言、民歌、习俗等影响而形成不同演唱和表演风格，广泛流行于中国南方，著名的有重庆的秀山花灯（图 9.5）、贵州的思南花灯、云南的玉溪花灯、湖南的平江花灯等。

图 9.5　秀山花灯

清康熙二年（1663 年）初的《平越直隶州志》记载了贵州遵义的玩灯习俗："城市弱男童崽饰为女子装，群手提花篮灯，假为采茶女，以灯作茶筐，每至一处，辄绕庭而唱《十二月采茶》之歌。"这是最早记载花灯艺术的典籍。

花灯戏题材多取农村生活和民间故事，有《拜年》《姐妹观花》《三访亲》《刘三妹挑水》《放牛拦妻》等剧目。其特征是剧本人物少，情节比较简单，唱词和道白通俗易懂，唱腔都是吸收民歌小调的特点，欢快明朗，表演动作活泼风趣，歌舞味很浓，多以表现生活的小喜剧见长，充满了泥土的芬芳。其演出形式大体为两种：一是有人物故事的"丑、旦剧唱"，被称为地花鼓、竹马灯、打对子和对花灯、戏子花灯等；二是"联臂踏歌"的集体歌舞，习惯称为"摆灯"和"跳灯"。这些地花鼓、花灯等民间歌舞形式，经过长期的演变，有的吸收戏曲的程式规律，逐渐发展成花鼓戏；有的则较多地保持着花灯的歌舞特点，搬演戏曲故事，被称为"灯戏"和"花灯戏"。

花灯戏的表演以"扭"为特点，演员常用折扇与手帕为道具表示情感。舞蹈的步法有二步半、野鸡步、梭步、碎米步等；扇子耍法有小花扇、大花扇、交扇、扑蝶扇等；身段有犀牛望月、膝上栽花、黄龙缠腰、海底捞月、岩鹰展翅等。花灯戏的组织叫花灯班，或花灯会，有的还置办了会产，以保证演出。清末贵阳著名的花灯生角有"南门李二公""小碧寨王应堂"等。2006 年 5 月 20 日，花灯戏经国务院批准列入第一批国家级非物质文化遗产名录。

三、采茶戏：阳春三月，茶歌飘荡

采茶戏的雏形是人们采茶劳动时唱的采茶歌，后来在灯彩和采茶歌舞的基础上发展成有人物和故事情节的民间小戏，到清代中期至清代末年尤为兴盛。清乾隆时，陈文瑞写了一首《南安竹枝词》，反映了当时民间演出采茶戏的盛况："谣哇小唱数营前，裘扮风流美少年；长日演来三角戏，采茶歌到试茶天。"采茶戏流行于江西、湖北、湖南、安徽、福建、广东、广西等省、自治区，有广东的"粤北采茶戏"，湖北的"阳新采茶戏""黄梅采茶戏""蕲春采茶戏"，江西的"赣南采茶戏"（图 9.6）、"抚州采茶戏""南昌采茶戏""高安采茶戏""武宁采茶戏""赣东采茶戏""吉安采茶戏""景德镇采茶戏"和"宁都采茶戏"等。

图 9.6 赣南采茶戏

采茶戏的表演保持茶歌、灯舞和花鼓载歌载舞的特点，清新明快，活泼优美。采茶戏的角色开始时较简单，多为一生一旦或一丑一旦的对子戏表演，以后逐渐增加，除小生、小旦、小丑外，还有老生、老旦、花旦、彩旦、大花等，号称"八角头"。每个角色都有一定的表演动作和基本功。旦角的基本步法是碎步，但有快慢粗细之分；小生、小丑的步法有高步和矮步。基本功除了矮步、扇子、手帕外，还有耍花伞、耍板凳、耍棍子、耍花鼓等功夫。表演动作虚拟夸张，形象风趣，往往利用花帕、彩伞作道具，通过男女角色的对舞说唱，表现出优美的身段和动作。采茶戏不仅与茶有关，而且是茶叶文化在戏曲领域派生或戏曲文化吸收茶叶文化形成的一种灿烂文化。

四、花鼓戏：欢快泼辣，粗犷爽朗

花鼓戏通常指湖南花鼓戏。湖北、江西、安徽、河南、陕西等省也有同名的戏曲形式。湖南花鼓戏是湖南各地花鼓戏流派的总称。由于流行地区不同而有长沙花鼓戏（图 9.7）、岳阳花鼓戏、衡阳花鼓戏、邵阳花鼓戏、常德花鼓戏、醴陵花鼓戏等六个流派之分，各具不同的艺术风格。它源自湘南民歌，从一旦一丑演唱发展到“三小”演唱。

图 9.7　长沙花鼓戏

花鼓戏的剧目在湖北有“大本三十六，小出七十二”的说法，大多是反映人民劳动、男女爱情和家庭矛盾的，例如《打鸟》《盘花》《雪梅教子》《鞭打芦花》《绣荷包》《赶子上路》《荞麦记》《天仙配》《酒醉花魁》等。各地花鼓戏音乐曲调按其结构和音乐风格的不同可分为川调、打锣腔、牌子、小调四类，都有粗犷爽朗、地方色彩浓郁的特点。音乐主要是以极具地方特色的湖南花鼓大筒，以及唢呐、琵琶、笛子、锣鼓等民族乐器作伴奏。曲调活泼轻快，旋律流畅明快。

花鼓戏的表演艺术朴实、明快、活泼，行当仍以小丑、小旦、小生的表演最具特色。小丑夸张风趣，小旦开朗泼辣，小生风流洒脱。步法和身段比较丰富，长于扇子和手巾的运用，拥有表现农村生活的各种程式，诸如划船、挑担、捣碓、砍柴、打铁、打铳、磨豆腐、摸泥鳅、放风筝、捉蝴蝶等。

早期花鼓戏只有半职业性班社在农村作季节性演出，农忙务农，农闲演出。训练演员采取随班跟师方式，也有收徒传艺的，称“教场”或“教馆”，每场数十天，教三四出戏。过去，由于花鼓戏经常遭受歧视和禁演，各地花鼓戏班都曾兼演当地流行的大戏剧目以作掩护，这种戏班称“半台班”或“半戏半调”“阴阳班子”。

五、道情戏：经韵说唱，布道劝善

道情戏（图 9.8）起源于唐代道士在道观内所唱诗赞体“经韵”。南宋时期，道士在民间布道时就有以渔鼓、简板为伴奏的说唱，称作“道情”，其后发展成为唱白相间的曲艺形式，称道情鼓子词。清代，道情中的诗赞体一支流行于南方，成为曲白相间的说唱道情；曲牌体的一支流行于北方，并在陕西、山西、河南、山东等地发展为戏曲道情，以“耍孩儿”“清江引”等曲调为唱腔，吸收了梆子戏的一些乐器、唱腔和表演技巧等，逐步形成表演故事的道情戏。道情戏的分布情况主要有：山西的晋北道情、临县道情、洪洞道情、永济道情等；陕西的陕南道情、关中道情、陕北道情等；甘肃的陇东道情；山东的渔鼓、八仙戏；四川的竹琴；桂林的渔鼓等。

图 9.8　河东道情戏

道情戏的内容多取材于道教故事，有升仙道化戏、修贤劝善戏、民间生活小戏、历史故事和传奇公案戏四类。传统剧目共有近百本，如《韩湘子出家》《刘公案》《庄周梦》《吕布中状元》等。道情戏表演主要以唱为主，以说为辅，有坐唱、站唱、单口、对口等表演形式。行当主要有生、旦、丑，不演武功戏，擅长演喜剧。道情戏唱腔以真嗓演唱，清悠委婉，悦耳动听，有浓郁的生活气息。唱腔板式有慢板、哭腔、垛子、紧打慢唱等十多种板式，曲牌有锁南枝、三孔桥、唠叨红等。

2007 年 6 月 8 日，山西省临县道情剧团获得国家文化部颁布的首届文化遗产日奖。

六、皮影戏：光影变幻，生趣盎然

皮影戏又称“影子戏”“灯影戏”“土影戏”，有的地区叫“皮猴戏”“纸影戏”等，是用灯光照射兽皮或纸板雕刻成的人物剪影以表演故事的戏曲。

皮影戏相传元代就有。元代时，皮影戏曾传到各个国家，被称为“中国影灯”。1508 年明武宗曾举办百戏大会，皮影戏参加了演出。从清人入关至清末民初，中国皮影戏艺术发展到了鼎盛时期。很多皮影艺人子承父业，数代相传。在民间乡村城镇，大大小小皮影戏班比比皆是。皮影戏在中国流传地域广阔，形成了不同流派，常见有湖北皮影、湖南皮影、北京皮影、唐山皮影、山东皮影、山西皮影、青海皮影、宁夏皮影、陕西皮影，以及川北皮影（图 9.9）、陈龙皮影等风格各具特色的地方皮影。各地皮影的音乐唱腔风格与韵律都吸收了各自地方戏曲、曲艺、民歌小调、音乐体系的精华，从而形成了异彩纷呈的众多流派。

图 9.9 四川皮影戏（杨骊摄）

皮影戏偶是皮影戏的主要道具，其制作考究、工艺精湛，表演起来生趣盎然，活灵活现。皮影戏偶一般是用驴、马、骡皮，经过选料、雕刻、上色、缝缀、涂漆等几道工序做成的。受到外在环境以及兽皮材料质地上的差异等种种因素影响，皮影戏偶造型风格各地不同。皮影有的高达 55 厘米，低则 10 厘米左右。皮影人的四肢和头部是分别雕成的，用线连缀而成，以便表演时活动自如。表演时，皮影艺人在白色幕布后面，一边操纵戏曲人物，一边用当地流行的曲调唱述故事，同时配以打击乐器和弦乐，有浓厚的乡土气息。一个皮影戏偶，要用数根竹棍操纵，艺人手指灵活，不仅手上功夫绝妙高超，嘴上还要说、念、打、唱，脚下还要制动锣鼓，常常让观众眼花缭乱。

2006 年 5 月 20 日，皮影戏经国务院批准列入第一批国家级非物质文化遗产名录。2011 年，申请世界人类非物质文化遗产成功。

七、木偶戏：铁枝布袋，演技精湛

木偶戏是由演员在幕后操纵木制玩偶进行表演的戏曲形式。在中国古代又称傀儡戏，起源于古代丧葬礼俗的俑人，考古发现的春秋战国和汉代墓葬中的木俑可以证实。

中国木偶戏历史悠久，三国时已有偶人可进行杂技表演，隋代则开始用偶人表演故事。宋代，傀儡戏进入全盛时代。元、明、清以来，木偶戏由城入乡，多种风格、流派形成木偶的造型艺术，也因地域不同，出现多种多样的造型特色：福州串头戏，泉州嘉礼戏，漳州布袋戏，广东杖头（图 9.10），潮州铁枝，合阳线戏，吴桥扁担戏，四川大木偶，花样翻新。

图 9.10 广东木偶戏

根据木偶形体和操纵技术的不同，有提线木偶、杖头木偶、布袋木偶、铁枝木偶等。提线木偶又称线偶或线戏，也叫悬丝木偶。在木偶的重要关节部位如头、背、腹、手臂、手掌、脚趾等，各缀丝线，演员拉动丝线以操纵木偶的动作。杖头木偶又称托棍木偶，在木偶头部及双手部位各装操纵杆，头部为主杆，双手为侧杆，演员操纵时左手持主杆，右手持侧杆，举起木偶操纵其动作。布袋木偶，又称掌中木偶、布袋戏等，偶人身高 0.27 米或 0.40 米，头部中空，颈下缝合布内袋连缀四肢，外着服装，演员的手掌伸入布内袋作为偶人躯干，五指分别撑起头部及左右臂，相互协调操纵偶人做各种动作，偶人双脚可用另一手拨动，或任其自然摆动。铁枝木偶流传于粤东、闽西，据说源自皮影戏，潮汕人称“纸影戏”。偶高 1～1.5 尺，彩塑泥头，桐木躯干，纸手木足；操纵杆俗称“铁枝”，一主二侧，铁丝竹柄。表演者或坐或立，于偶后操纵，形象规整，结构独特。木偶戏的“演员”是双重的，真正当众演出的是“木偶”，木偶造型既是由人雕绘成的戏曲角色，又是为人操纵的戏具。

除此之外，民间还有“水傀儡”“药发傀儡”“肉傀儡”，但影响不大。

八、藏戏：阿吉拉姆，高亢雄浑

藏戏起源于 8 世纪藏族的宗教艺术，被誉为藏文化的“活化石”。据藏史

《巴协》记载，8 世纪时吐蕃赞普赤松修建桑耶寺时，莲花生大师为降服恶鬼，创作了一种叫做“多吉嘎羌姆”的金刚舞，这就是藏戏的起源。此外，在西藏苯教时期，被称作“仲”的民间说唱形式也是藏戏的起源之一。藏戏的藏语名叫“阿吉拉姆”，意思是“仙女姐妹”。据传藏戏最早由七姐妹演出，剧目内容又多是佛经中的神话故事，故而得名。17 世纪时，藏戏从寺院宗教仪式中分离出来，逐渐形成以唱为主，唱、诵、舞、表、白和技等基本程式相结合的生活化表演形式。

藏戏主要分为白面具和蓝面具两大流派：早期为白面具藏戏，演出风格古朴，动作和唱腔较简单；后起之秀蓝面具流派唱腔多样、服饰华丽，已经逐步取代白面具藏戏成为主流。其主要分布有青海的黄南藏戏、甘肃的甘南藏戏（图 9.11）、四川的色达藏戏等。印度、不丹等国的藏族聚居地也有藏戏流传。

图 9.11　甘南藏戏

藏戏演出时，化妆比较简单，除戴面具外，就是一般的粉面与红脂，没有复杂的脸谱。藏戏面具与宗教面具相比，造型带有浓郁的世俗倾向和民间色彩。表现的题材主要包括历史故事和神话中的人物、神灵和动物。不同的面具色彩象征不同的角色特征，如深红色象征国王，浅红色代表大臣，黄色象征活佛，蓝色代表反面人物，半黑半白象征两面派等。

藏戏的演出，一般是广场戏。藏戏的演出分为三个部分：开场仪式戏“阿若娃”、正戏“雄”和吉祥收尾仪式“扎西”。藏戏唱腔高亢雄浑，基本上是因人定曲，每句唱腔都有人声帮和，打击乐只有一鼓一钹，演出时有一人在旁用快板向观众介绍剧情发展情况。剧中人道白很少，演员专心致志地吟唱，武功、舞蹈、技艺在藏戏演出中，也广泛运用。舞蹈动作很多，爬山、行船、飞天、入海、骑马、斗妖、擒魔、礼佛等，都有一定的舞姿。

现在，藏戏的经典剧目主要有八个：《文成公主和尼泊尔公主》《朗萨唯蚌》《苏吉尼玛》《卓娃桑姆》《诺桑法王》《白马文巴》《顿月顿珠》《赤美滚丹》。2006 年 5 月 20 日，藏戏经国务院批准列入第一批国家级非物质文化遗产名录。

九、傩戏：面具一戴，驱疫消灾

傩戏起源于远古时代驱鬼逐疫的原始傩祭活动，傩是古代驱疫降福、祈福禳灾、消难纳吉的祭礼仪式。元明时发展成傩堂戏，康熙年间在湘西日渐兴盛，此后向各地发展，形成了不同的流派和艺术风格。湖南、湖北的傩堂戏吸收了花鼓戏的表演艺术，四川、贵州的傩戏吸收了花灯的艺术成分，江西、安徽的傩戏则吸收了徽剧和目连戏的养料。较著名的傩戏有武安傩戏、贵池傩戏、池州傩戏（图 9.12）、侗族傩戏、沅陵辰州傩戏、德江傩堂戏、广西师公戏、四川庆坛戏等。

图 9.12　池州傩戏

由于历史背景和所接受的艺术影响不同，傩戏除了傩堂戏，还包括地戏和阳戏。地戏是由明初留守在云南、贵州屯田戍边将士的后裔屯堡人为祭祀祖先而演出的一种傩戏，所演都是反映历史故事的武打戏。阳戏则是法师在做完法事后演给活人看的，以演出反映民间生活的小戏为主。

傩戏剧目大体可分为三类：一类是正本戏，多属巫师作法事必须唱的，如湘西的《搬开山》《仙姑送子》，黔阳的《发功曹》《降杨公》，沅水的《梁山土地》《蛮八郎》等。这类剧目宗教色彩浓，情节简单，戴面具演出，多唱巫腔。二是傩堂小戏，在傩坛和高台均能演出。如黔阳的《打求财》，湘西的《采香》，湘南的《造云楼》等。这类剧目宗教色彩较淡，世俗娱乐成分较重，常在法事程序中的“唱戏”部分演出，表演有一定的程式。三是“外台戏”，如《孟姜女》《庞氏女》《龙王女》《华佗卖药》等，这类剧目戏曲化程度较高。傩戏剧本唱多白少，善于通过大段叙事性唱词交代事件，展开矛盾。演唱用本地方言，演员多数戴面具表演。面具是傩戏的艺术特征，它是神灵的象征和载体。傩戏面具用樟木、丁香木、白杨木等雕刻、彩绘而成，按造型可分为整脸和半脸两种。

傩戏的演出形式与其他戏曲不同的是，它与冲傩等宗教活动融为一体。老百姓遇上病痛和灾难，便请唱傩戏、许下傩愿，请求神灵庇护驱邪避灾。如果灾去病除，则要备好香纸、法器和祭献的用品还傩愿。傩戏班子一般是边做法事，边演傩戏。傩戏班子里的演员也是法师，他们既能唱，又能舞，还要会“判卦”“绘符”“念咒”等法术。傩戏的演出一般分为三个阶段，即：开坛、开洞、闭坛。开坛和闭坛是迎神送神的法事，打开洞门后就演出傩戏剧目。傩戏一般在愿主家的堂屋演出，背面祭着神像，三面向观众。在傩戏演出中，还穿插着不少巫术表演，如捞油锅、走犁头、过火槽、踩火砖、吞火吐火、上刀梯等，其中上刀梯、走犁头、过火槽被誉为“三绝”。

傩戏是历史、民俗、民间宗教和原始戏曲的综合体，是原始巫术的活化石，蕴藏着丰富的文化基因，具有重要的研究价值。

十、端公戏：巫步请神，踏歌作法

端公戏（图 9.13）也叫“跳端公”“坛戏”，是一种巫师组班装旦抹丑、巫步神歌、踊踏欢唱的地方小戏，因其行头简单，一包袱可携，又叫打包袱。端公戏起源于古代巴蜀巫师跳神的歌舞形式，主要流传于陕西南部汉水流域的宁强、镇巴等地和四川北部地区。

图 9.13　端公戏

端公戏的产生与陕南地区的风土民情密切相关。汉水流域，南接巴蜀，东连楚地，深受巴蜀和楚地巫觋之风的影响，陕南一带称男巫为“端公”，女巫为“阴婆”，他们白天聚集售药，唱情咏事；夜晚则受请作法，踏歌禳灾。当地群众每遇病痛灾疫，往往邀请端公阴婆诉神驱疫，这就为端公戏的出现和发展奠定了基础。端公戏的发展大约经过了“坛戏”“神歌”、筒子戏与职业班四个阶段。清初以后，随着地方戏曲的崛起，端公和神婆所演唱的“神歌”从宣扬因果报应转而编演男女情爱和家庭纠纷的故事。其后，端公邀集一些大筒子戏艺人为其“庆坛”踏歌伴奏陪唱，逐渐引进了大筒子戏的音乐唱腔与部分剧目。乾隆时，端公戏在汉中、安康地区已有很大影响力，连农民起义军也请其演唱。后来，端公戏又逐渐地吸收了秦巴山区的山歌民谣与民间舞蹈的营养，从而淘汰了原始宗教仪式中的一些颂神歌词与祭祈节目，更多地融合情歌与山歌，出现了职业艺人与职业班。

相传，端公戏有剧本200多个，现保存剧目120个，有《女贤良》《姊妹吵架》《祖师成圣》《孟姜女》《梁祝》《刘海砍樵》等节目。它的特点是：小戏多，喜剧多，表现下层人民生活的戏多，戏曲情节简单，其唱腔朴实柔和，表现形式活泼洒脱，唱词幽默风趣。端公戏以汉中为中心，从汉水分界，汉水南路较多地接受巴山语音与二黄戏的影响，演唱风格比较柔和、细腻、辛辣、风趣，汉水北路较多地接受秦岭山区语音和桄桄的影响，演唱风格比较粗犷、悲壮，豪情激荡。

第三节　戏俗大观：祖师各异，禁忌多样

一、赛会演戏：红男绿女，欢声如潮

在广袤的华夏大地，丰富多彩的民间戏曲遍及全国百分之九十以上的乡村城镇，覆盖面极广，它们扎根民众生活，与各地的历史、地理、语言、风俗和文化水乳交融，表现出鲜明的民族特点和地方传统。民间戏曲与大众的娱乐、节庆、信仰、祭祀等民俗活动息息相关，其本身也成了民俗活动的重要组成部分。

岁时节日演戏至今依然是南北各地普遍传承的习惯。各种宗教性节日、生产性节日以及年节，演戏都是必不可少的内容。一年之中岁时节日不断，

戏曲演出也络绎不绝：立春前一天有“迎春戏”；正月十五有“上元戏”；二月初二演“土地戏”；二三月间演“春台戏”；清明节有“踏青戏”；五月初五有龙舟戏；七月十五，中元节演出目连戏；八月十五演出中秋戏……尤其是上元节期间，全国各地无不张灯结彩，百戏杂陈。《中国地方志民俗资料汇编》中描写了浙江上元节期间的盛况：“神庙则有社火、烟火、鳌山、抬阁、戏剧，星布珠悬，皎如白日。士女骈集，终夕鼓吹。”

民间戏曲与人生礼仪和行业习俗也密切相关。在民间，举行婚礼、办满月、为老人祝寿等都会请戏班来唱戏助兴；如遇丧葬，居丧之家也要请戏班唱戏，叫做“孝戏”。在古代，官绅巨贾往往筑有私家戏台，每逢各种喜庆及公私集会，就会招来戏班到府宅或酒楼演“堂会戏”。在《红楼梦》里，号称“白玉为堂金作马”的贾府甚至奢华到供养一个戏班，可以随时演戏供人赏玩。中国各地的宗族祠堂，每逢开堂祭祖或修订族谱，或遇族人高中、升迁、荣归、祖饯、赐匾、立坊等，都要迎班演戏。中国的各大城镇、水陆商埠，七十二行都有“行会”，如木匠的鲁班庙，钱业的财神庙等；还有各种同乡会，如江西的万寿宫、福建的天后宫、江苏的三元宫等，这些地方每逢新春团拜、祖师诞日以及重大交涉，也要演戏宴客。

民间戏曲与宗教信仰也有着重要的关联。每逢“神诞”日，寺庙多有庙会，演戏是庙会活动的重要内容之一。俗话说“闹正月，玩二月，沥沥拉拉到三月”，一年四季各地的庙会又接连不断，庙会期间酬神演戏更是让人应接不暇，欢欣奔走。清代城乡庙宇很多，庙会是一种极重要的民俗活动，较大的城市每年有大型庙会数十次以上。庙会演戏可以为寺庙张扬声势，增添热闹气氛，招徕更多香客游人。李光庭的《乡言解熙》里记载了北京频繁的庙会：“其演戏酬神之日，南草庵四月初八，西大寺二月十九，关帝庙五月十三，文昌庙二月初八，火神庙正月二十九，娘娘庙四月十八，药王庙则在九月，订戏谓之写戏，一台连四月。”

除了庙会，当寺庙神像塑成，“开光”仪式甚为隆重，除点烛焚香外，还要演唱“开光戏”敬神。此外，民间为酬谢神祇的保佑，常常以演戏、歌舞等形式举行敬神、媚神活动，或者用仪仗、鼓乐、杂戏等迎神出庙，周游街巷。演戏酬神敬神的习俗古已有之，宋代就有“风烟向处喧墟市，箫鼓谁家赛水神”的诗句。明清时期，随着经济发展和寺庙广建，民间的酬神演戏吸引的观众更多，气氛更热烈，出现“红男绿女杂沓来，万头攒动环当台。台上伶人妙歌舞，台下欢声潮压浦”的场面。有时，戏曲和宗教成了相互依存的关系，如各地的傩戏就完全靠宗教习俗而存在，在民俗宗教信仰习俗中发展。

到清代，酬神演戏和迎神赛会把宗教信仰、神祇崇拜、商贸活动、社会交往、文化娱乐、会亲访友等活动融为一体，已经成为民间的狂欢节日和文化盛宴，为乡民们提供了休闲娱乐的机会和社会交往的空间，是民间娱乐的重要组成部分和人们文化生活不可或缺的内容。

二、戏曲祖师：祭拜各异，首推老郎

行业祖师崇拜是民间文化的一个分支，民间有“三百六十行，无祖不立”的说法，各行各业供奉自己的祖师爷，视其为本行业的保护神。戏曲祖师敬祀的是一个庞杂的系统，有唐明皇、周庄王、观音大士、九皇爷、二郎神、优孟、翼宿星君、田公元帅等。民间说唱也分别敬奉三皇、庄王、东方朔、孔夫子、丘处机、范单等为祖师爷。宋元时代南戏活跃的江西、福建、广东等地，民间戏曲艺人普遍奉祀田元帅；昆山腔和皮黄艺人则奉祀唐明皇；梆子腔艺人则奉祀唐庄宗；广西师公戏奉祀“三元”；彩调戏艺人奉祀“九天玄女”“花姑娘娘”等。正如郑传寅先生所言：我国民间许多行业的保护神大多数来历不明，但人们愿意相信这位神祇就是他这一行的“祖师”，或者说，他们需要这样一位保护神，于是就顶礼膜拜。一人倡之，百人随之。在礼神拜佛这个问题上，不怕以讹传讹，神本来就是人凭想象创造出来的。对神的信仰和崇拜本来就是建立在盲目的基础之上。

不管艺人们祭拜哪一位祖师，他们都非常虔诚。因为对祖师神的敬奉，可以使他们得到技艺方面的“神授”。比如传说“老郎神”可以在梦中给艺人指点、传授技艺，只有拜了祖师爷，才能够演好戏。梨园行有一种说法，叫“拜过唐明皇，演戏心不慌，演戏胆就壮”。梨园行对祖师爷是“平时宗之，临场敬之，诞辰祭之”。每次跪拜仪式完毕，艺人们要取些香灰撒入海碗，一口气喝下去。据说喝了这碗香灰水，记性就会好，嗓子也不哑。

按照流传最广的说法，老郎神是唐玄宗李隆基。老郎一词最早出现在元代赵明道的《越调·斗鹌鹑》中：“乐府梨园，先贤老郎，上殿伶伦，前辈色长。承应俳优，后进教坊。有伎俩，尽夸张。燕赵驰名，京师作场。”唐玄宗酷爱音乐歌舞，不仅创作了“霓裳羽衣曲”，而且创设“梨园”，成立了中国第一座国立戏曲学校。唐玄宗擅长击鼓奏乐，经常和大臣们在宫中演戏娱乐。每逢演戏时，唐明皇也不掩其本来面目，扮装登场，因碍于君臣之礼，不便称呼“朕”，而称呼“老郎”。老郎神的神像大多被绘为眉清目秀，面白无须，身穿黄袍、头顶王冠的英俊少年之相。戏班平时都要供奉老郎神（图 9.14），旧时戏台的后台上一般都供有老郎神的画像或牌位，演员上场时，都要向神位拜祭。进后台后，先要向神位拱手作揖，叫“参驾”，出场叫“辞驾”，从台上下来叫“谢驾”，否则“不拜老郎神，装什不像什”。

图 9.14 戏班供奉的老郎神牌位

三、戏班习俗：尊丑祈祥，禁忌百相

中国各地的民间戏曲在发展过程中形成了自己独特的习俗。戏班重江湖义气，以“认神不认人，人不亲行亲”为信条，有“过河乘船不付费”之俗和“戏班与船家是一家”之说。据说戏台为十三块板，其中两块为上船所用的跳板。过河乘船时，戏班会画地为台，取出锣鼓丝弦给龙王唱戏，酬谢船家，船家则不收船钱。此外，理发、浴池、饭馆等人员与戏班艺人也是吃喝不分，亲似兄弟。他们到戏院看戏可以不买票，戏班艺人理发、洗浴、下饭馆也可以不花钱。

戏班有尊“丑”之风，丑角享有特殊的尊崇地位。民间流传着这样的故事：据说一次在排演节目时，生、旦、净、末俱全，唯有丑角没人应工。这时有人向爱戏如命的唐明皇李隆基提议：“请万岁充当这个角色吧!”唐明皇不便推辞，便充当了剧中的丑角。出人意料的是，李隆基是个颇具天赋的滑稽大师，演得惟妙惟肖、十分出色。从此，戏班丑角就受人尊敬，待遇也很特别。旧时戏班里行、坐、卧、食都有规矩，生、旦、净、末各有定位、各安其序，唯有丑角可以行坐自由无人干涉；吃饭时要等丑角搅锅后，众人才可用餐；化妆时要等丑角开笔，众人才能画。

旧时戏班辗转南北，四处漂泊求生，生活殊为不易，他们渴望平安顺利，在日常生活中尽量不讲不吉利的话，不做不吉利的事，形成了一套独特的趋吉避凶的信仰和行为，有各种宗教性的仪式相沿成俗。旧时在戏班里，对祖师爷，对神，对人，对动物，都要烧香祭奠。演出什么戏要对什么道具顶礼膜拜，不然上台后就会出事的。舞台上使用的兵器，如鞭、杵、刀、棒、棍、枪、剑、叉，在上台之前都要给这些兵器行礼，名曰祭鞭、祭杵、祭刀等。

戏班在演出前，为了保证演出成功，保佑全班平安，都会举行相应的仪式。如福建梨园戏开演前，为求演出成功全班平安，都有“献棚”仪式。侗族戏班演出前要“请师傅”，广西师公戏开脸前要“唱三元”。当新建戏台的首场演出时，为祈祥纳吉，都要举行“破台”仪式。因为民间认为“台子是老虎，不破台打虎则有凶事”，“二花脸有化凶为吉的神功”，则要杀鸡洒血、驱邪免凶，才能开台唱戏。

在傩戏演出和傩祭活动中，面具都被赋予了神秘的宗教与民俗含义。在人们的意识中，面具是神灵的象征和载体，对待面具要遵守约定俗成的各种清规戒律。例如，制作面具时要先举行“开光”仪式，取用面具要事先举行“开箱”仪式，存放面具要举行“封箱”仪式。还不能让女人触摸和佩戴面具，面具的制作、使用、存放都是男人的事情。男人戴上面具即表示神灵已经附体，不得随意说话和行动。

民间戏曲艺人有许多禁忌，戏班习俗禁忌具有很强的民族特色和地域特色。如山东有些戏班认为每逢农历初五、十四、二十三，是“杨公忌日”，不宜出门和起戏。广东潮剧班的“田元帅”，每月也有三个禁忌的日子。过去戏班演员均为男艺人，没有女艺人（坤伶）。若有妇女进入后台坐了戏箱，则视为大不吉利，必祭庄王以求其饶恕冲撞亵渎之过，祭戏箱以驱除邪秽之气。祭箱时，在后台设香案，箱倌将全部服装挂起，以白公鸡血洒戏箱四周，焚表放鞭。旧时戏台口忌朝南，因为一般认为南方为火，向南易生火灾。如果遇上朝南台口，则要由戏班司鼓挂出红胡须、宝剑来破。若遇上临时搭建的土台，台口须有两棵大树，开演前则须向每棵树砍上三刀（意为火神在此），以示吉利。司鼓所用手板（又称牙板、简板或檀板）非开演时不得乱动，鼓也不得乱敲。据说打手板为磕牙子，乱打手板即为磕艺人的牙齿。

戏班演出时对于剧目也颇有禁忌，比如为了避免亵渎神灵，戏班在某些庙会禁演对神灵不敬的剧目：老君庙会不演《闹天宫》，关帝庙会不演《走麦城》，火神庙会不演《火烧尧王庙》，五虎庙会不演《武松打虎》《降龙伏虎》等。更有甚者，在某些村镇也禁演与姓氏有关的禁忌剧目。例如王姓村寨禁演《铡赵王》《剐王莽》，李姓村寨禁演《李刚打朝》，陈姓村寨禁演《铡陈世美》，秦姓村寨禁演《风波亭》《秦二赶秦三》等。杨姓村寨既禁建戏楼（人们认为戏楼为虎，怕虎吃“羊”），更禁演《杨广篡朝》《刀劈杨藩》《七郎八虎闯幽州》等一类剧目。

以前民间看戏也有规矩，一般会将看区分为男宾和女宾看区，互不相犯。女宾区一般在戏台左边，也有在后方的，称为“花场”。除了卖食品的男子可以到“花场”，其余男子不准（特别是青年男子）进“花场”里看戏。如有违者，轻则受指责，重则遭责打。此外，观众看戏不能趴在演出前台中间看“顶台戏”。如若有人看“顶台戏”，司鼓就会敲鼓催促其离开；如果观众仍不自觉，戏班就会停戏不演。

思考题：

1. 有人认为，随着电影、电视的兴起，戏曲这种娱乐形式必然走向衰落乃至最终消亡。请说说你的看法。

2. 调查你的家乡历史上有哪些民间戏曲，现状如何。

扩展书目

[1] 王国维. 宋元戏曲考. 北京：东方出版社，1996.
[2] 孟瑶. 中国戏曲史. 台北：台湾传记文学出版社，1979.
[3] 孙红侠. 民间戏曲. 北京：中国社会出版社，2008.
[4] 康保成，黄天骥. 中国古代戏剧形态研究. 郑州：河南人民出版社，2009.

第十讲
民间文学

民间文学是广大劳动人民口头创作并以口传方式流行于民间的语言艺术，包括神话、民间传说、民间故事、民间歌谣、民间熟语等形式，它与作家文学相对，是民间文化的重要组成部分。

民间文学具有文学的创造性和自由性，它蕴含着人民大众的美丽幻想。人们看见云彩美丽，幻想那是女娲用五彩石头补了天空；人们看见天上的银河，幻想出一个神仙和人的爱情悲剧，让他们永远遥遥相望；人们看见白蛇的妖媚，幻想蛇妖对人间老实本分的男子会有真爱。

民间文学的价值还在于它的教育作用。那世代相传的古老神话和传说是对自然的敬畏和对祖先英雄事迹的颂扬；那些精练而又朗朗上口的民间谚语、俗语等，是各行从业者的经验总结，也是人民对社会生活、宇宙自然的认识；那些动听的山歌、民谣既传达了劳动人民的情感，也表达了他们的爱情理想、政治愿望等。

第一节　口口相传的语言艺术

一、创作主体：集思广益，草根智慧

民间文学没有确定的创作主体，可能一人或者集体开始创作，然后不同的人在不同的时间、地点、场合接续前人创作，演绎自己的故事或歌谣。因此，民间文学不同于文人创作，它是人民大众的共同创造。

文字记载历史出现以前，人类文化以口传方式进行传承，作为语言艺术的文学和宗教、历史、生产等人类文化融为一体，共同组成人类文明。这一时期人类社会阶层分化不明显，民间文学的创作主体——人民大众，就是全体人类。进入阶级社会，分工日趋明显，文字作为人类文明的主要传承工具掌握在上层统治者手中，于是文人创作产生，民间文学的创作主体由全体人类分化为非文人的大多数人民。随着社会的发展，纸张、印刷术的发明，掌握文字工具的人日益增加，文人创作逐渐繁盛，于是民间文学的创作主体日益呈现基层化的特点。

民间文学是人民大众的创作，能最集中地反映人民的生活、情感和智慧。

艺术创作归根结底是对现实生活的反映，民间文学则是对人民生活的反映。在华佗的传说里，华佗会用戴过多年的草帽这一民间日常用品做药引；在蒙古《天牛郎配夫妻》的故事里，牛郎早上起来吃的就是蒙古一带人喜欢吃的食物：酸粥、酸捞饭；在牛郎织女的故事里，牛郎和他的丈人用捉迷藏、赛跑的方式斗智，这些实际就是民间常有的一种玩乐方式，而他们捉迷藏时，老丈人变成了臭虫，牛郎变成了扎花针，都是人民生活中常见的事物。再如孟姜女的传说中，孟姜女的出生，是挨着住的两家邻居，墙东孟家种了瓜秧，顺着墙头爬过去在墙西姜家结了瓜，一瓜跨两院，秋后摘了瓜两家就用刀分瓜，发现里面坐着个小姑娘，两家都无后，于是共同抚养起来，这就是孟姜女。一瓜跨两院应该是农耕生活中邻里常见的问题，以共有或瓜分的方式处理也应是人们常有的解决之道。从这些都可看出，民间文学是人民取材于生活中日常事物进行的一种艺术创造。

民间文学中蕴含着劳动人民的爱恨和伦理道德思想。姑嫂矛盾、兄弟矛盾、婆媳矛盾，是人民生活中常见的矛盾冲突，民间文学有很多表现这些矛盾的故事，多为嫂嫂对姑子的刻薄、哥哥的贪婪、弟弟的勤劳聪明和婆婆对媳妇的虐待等。那些不好的、低劣的品性，人们常常把它们归附于他们不喜欢的统治者、上层人士身上，众多的阿凡提一类的对地主捉弄的故事就是这种鄙视和仇恨情感的表现，而孟姜女的传说中把秦始皇塑造成一个好色之徒，南京丝织工人关于金边牡丹的传说里说乾隆皇帝是个“起黑心”的贪婪者，说他把金边牡丹连根移植到宫里，花是成活了，却没有了美丽的金边，这些故事的编创中对地主、皇帝恶劣形象的塑造，是民间不满情绪的必然反映。对喜欢的人物，人们则会把自认的好品质附会到他们身上，如包公的故事里，让包公吃瓜留下瓜钱，吃到谷粒的时候嗑去稻壳把米粒吃下；他不在河里洗手，因为妇女们要在里面洗菜淘米，不可以坏了人家吃用水。这些爱惜农作物、节约粮食、注意生活细节的优良品性，实则是民间的一种日常期待。至于在“牛郎织女”的传说中，把老牛幻想成一个全知的老者，帮助牛郎并为他作出牺牲，甚至让他杀了自己，披上牛皮去天上找织女，就是农耕文化中对耕牛深厚情感的反映，是一种真真切切的理想升华。

民间文学所呈现出的伦理思想与封建传统有重合之处，如孟姜女的传说中通常会有这样的情节：因为范喜良看见了孟姜女沐浴（或者看见了她的大腿），孟姜女就嫁给了他。这似乎是封建贞洁思想在民间的突出表现。而《韩凭妻》《望夫石》之类的贞妇故事也是常见的民间文学素材。

更主要地，民间文学思想具有其独特的特点：一方面是其思想内容对传统伦理的突破，如《梁山伯与祝英台》的传说，让女人装扮成男人去读书并自由恋爱；《天仙配》里人与仙的恋爱生子，打破了传统的等级关系；而众多民间歌谣里对爱情的热烈抒发、大胆追求，是民间情感奔放强悍的突出表现。另一方面，民间文学中呈现的思想情感有着明显的下层智慧的特色，如对食、色的看重，在姑嫂矛盾、兄弟矛盾等的故事里，矛盾的原因通常为饮食而起，或者嫂嫂嫌姑子吃多了，或者哥哥趁弟弟劳动在外的时候在家里做好吃的；在田螺故事、天鹅故事里，人们幻想的美丽女子，通常在主人公外出时给他做出丰盛饭菜来，似乎这就是讲述者的终极理想。而在那些故事里惩治皇帝、好色鬼、地主、坏哥嫂等的方式，要么就是一种简单的破坏方式，如把铧子撞烂以得到早回家吃糕饼的理由；要么就是欺骗的方式，如女性遇到色狼要求成婚，通常都会同意，然后提出几个要求要对方满足，再在这要求中去打败对方，孟姜女被仆人要挟时就提出以花为媒的要求，在对方采花的时候把他掀到山下摔死，在秦始皇那里则提出游海三天的要求，然后自己投海淹死，保持了贞洁。这些看似机灵狡猾的斗智斗勇的方式，总呈现草根智慧朴实浅显的真实面貌。

二、文化传承：源远流长，历久弥新

民间文学作为一种口传文学，每个人在讲述故事，传唱歌谣时都可以因时、因地、因个人的理解和兴趣点的不同而对原有的故事、歌谣等作出相应的改变，如顾颉刚所言：“每一个故事都是有生命的，传过一个时代有一个时代的变化，传到一个地方染一个地方的色彩，它们是最自由最真实的文学产品，决不似记载正经事那样要受种种事实的限制。”

民间文学的活的演变性，蕴含着人类生活、生产、意识形态发展的方方面面，对民间神话、故事等的起源、演变过程的研究，可以揭示人类历史、生产习俗、族群关系等许多的问题。如孟姜女的故事在两千多年前的先秦时期就形成其雏形，早期的孟姜女主要以知礼贞女的形象出现，后日益发展出其夫为秦始皇筑长城、送寒衣、哭倒长城、滴血辨骨和负尸归葬等情节，唐以后至明清的孟姜女故事又增加了与秦始皇面对面斗争并“约法三章”的内容。孟姜女故事情节的发展总是和历史的发展密切相关，唐代的徭役繁重不仅反映在杜甫的《三吏》《三别》中，同样反映在民间孟姜女故事的广泛流传和故事情节的发展中，而后期秦始皇以反面人物的出现，正体现了中国封建社会后期工商业的发展、城市经济的繁荣、市民阶层的成长壮大、民主进步思想的抬头和君权思想的削弱。可以这样说，千年孟姜女故事的演变历程也是千年中国文化演变的历程。

民间文学是一个变动不居的演变过程，同时也是一个千年文化传承的过程。民间故事通常会有固定的结构，中心情节和根本主体通常是稳定的，说唱者总是要继承前人的精华，辅以自己的补充加以演说，经千年的选择和淘汰，留存下普世的精华，如盘古开天辟地、女娲补天的神话，梁山伯与祝英台、牛郎织女的传说，格萨尔王的故事，还有那些优秀的民间俗语，都集中体现了来自人民大众的思维和智慧，民间文学正是在对这些精华的千年传承中发展成长着。

第二节 神话、传说与民间故事

一、神话：开天辟地，抟土造人

神话是古代人民对自然现象和文化的解释与想象的故事，是人类借助想象力征服自然，把自然力加以形象化的结果，在当时的人们眼中，神话是一种真实的存在，被视为神圣并受到人们的敬畏。根据内容的不同，神话一般分为创世神话、自然神话和英雄神话。

中国神话主要记录在《山海经》《淮南子》《列子》等典籍中，由于占统治地位的儒家思想讲求修身齐家治天下，提倡文以载道，所以儒家正统的五经中基本没有神话的记载。从现存的神话资料中，可以看见中国古代神话塑造了大量神的形象，每个神都有不同的神迹流传，说明曾经有过一个辉煌的神话时代，由于民族意识形态的选择，致使这些神话故事多有散失，系统条理不够清晰，很多学者慨叹其不能和希腊各民族的神话媲美，十分遗憾。

中国神话现存资料比西方少了很多，但也为我们呈现出古人丰富的想象。如盘古的神话："首生盘古，垂死化身：气成风云，声为雷霆，左眼为日，右眼为月，四肢五体为四极五岳，血液为江河，筋脉为地理，肌肉为田土，发髭为星辰，皮毛为草木，齿骨为金石，精髓为珠玉，汗流为雨泽。"认为日月、星辰、风云、山脉、草木、金石等都是盘古的身体变化而来。再如夸父的神话："夸父与日逐走，入日；渴，欲得饮，饮于河、渭；河、渭不足，北饮大泽。未至，道渴而死。弃其杖，化为邓林。"说夸父逐日，渴了就喝黄河、渭水的水，两河之水不够喝而至渴死，手杖一丢，就变成了桃林。那一份气势，天地万物的化生如此自由辽阔、宏大伟岸，这正是古人想象丰富的表现。

（1）创世神话

创世神话是关于人类起源、天地宇宙产生的神话，描述天地的开辟、世界万物的形成。汉民族中最著名的就是盘古开天辟地和女娲抟土造人的神话：

> 天地浑沌如鸡子，盘古生其中。万八千岁，天地开辟，阳清为天，阴浊为地。盘古在其中，一日九变，神于天，圣于地。天日高一丈，地日厚一丈，盘古日长一丈。如此万八千岁，天数极高，地数极深，盘古极长。……故天去地九万里。
>
> ——《艺文类聚》卷一引《三五历纪》

天地之初一片混沌，如同鸡蛋，这是卵生神话的典型，世界卵生神话极为普遍。而天地开辟，阳清为天，阴浊为地，日渐形成天地的区别。这一段的描述似乎与《圣经》的《创世纪》有异曲同工之妙。

> 俗说天地开辟，未有人民，女娲抟黄土作人。剧务，力不暇供，乃引绳于絙泥中，举以为人。故富贵者，黄土人也；贫贱凡庸者，絙人也。
>
> ——《太平御览》卷七十八引《风俗通》

女娲抟土为人制造了人类，在世界很多神话中人类都是用泥土做的。女娲不仅造人，而且炼石补天，拯救人类，在她身上反映出母系社会的痕迹。而把富贵人说成是抟土制作的人，把贫苦人说成是用绳子甩土造出来的人，则反映了神话的发展带上了阶级的色彩。

图 10.1　河北涉县娲皇宫的女娲像

（2）自然神话

自然神话是古人对各种自然现象的解释。如嫦娥奔月的故事，讲述嫦娥偷吃了丈夫后羿从西王母那里得来的不死仙药，飞到月宫中，月宫寂寞，嫦娥后悔，于是在月圆之夜与丈夫相会，或者传说她叫吴刚砍桂树，让玉兔捣药，想配飞天之药以返回人间，月圆之夜人们常能听到嫦娥和后羿的窃窃私语或者吴刚的砍树声音。这正是人们对夜空圆月的幻想和对月亮及其若隐若现的地貌的幻想式的解释。再如共工的神话：

> 共工氏与颛顼争为帝，怒而触不周之山，折天柱，绝地维。故天倾西北，日月星辰就焉；地不满东南，故百川水潦归焉。
>
> ——《列子 · 汤问篇》

共工和颛顼争做皇帝，共工在大战中惨败愤怒地撞击不周山，折断了支撑天的柱子以及系着地的绳子，于是天向西北方向倾斜，日月星辰都向那里移动，地向东南方向塌下，所以江河流水和泥沙都向这里汇聚。这就用幻想的方式为我们解释了中国大地西北高东南低，河水东流的原因。

（3）英雄神话

英雄神话是人类在与自然的斗争中，夸大想象，制造出具有神性的英雄人物为人类除害、和天神斗争的故事，如夸父逐日、鲧禹治水的故事等。

图 10.2　夸父追日

羿射十日

逮至尧之时，十日并出。焦禾稼，杀草木，而民无所食。猰貐、凿齿、九婴、大风、封豨、修蛇，皆为民害。尧乃使羿诛凿齿于畴华之野，杀九婴于凶水之上，缴大风于青邱之泽，上射十日而下杀猰貐，断修蛇于洞庭，擒封豨于桑林。万民皆喜，置尧以为天子。

——《淮南子·本经训》

羿射十日的故事就是人民在与干旱和猛兽的斗争中，幻想出有神性的后羿，让他战胜自然，为人民带来平安幸福。

二、传说：风土人情，幻化万千

民间传说是关于特定历史人物、历史事件、地方古迹、风物习俗等的口头流传故事。与神话的神圣性不同，它更多具有世俗性，一般以历史人物、事件、自然风俗等为依托，进行有意识的创造。

民间传说是一种文学创作，它们虽以历史或现世事物为对象来讲述故事，但常常与历史真实相去甚远。历史上有空城计，也有诸葛亮，但是把空城计说成诸葛亮的事迹就是一种民间创造；历史上的确有一个三闾大夫屈原，但是把端午吃粽子划龙舟和屈原的死联系在一起则是需要考证的事情；历史上的孔老夫子的确存在，他要遇到采桑娘似乎也可以想见，但是孔子要向采桑娘讨问用蚂蚁穿九曲明珠的智慧以解兵围之困，就是匪夷所思了。所以虽然白蛇传说会告诉你，这传说现在还有蟹和尚为证，傣家关于诸葛亮和岩肯的传说还会告诉你，如果你不相信，就可以爬到曼景兰缅寺旁那棵几十丈高的贝叶树梢上去看，第九十九片贝叶上，记载了那些事迹，事实是，你确然不必相信那是真的。

根据传说对象的不同，传说大致可以分为以下几类：

（1）人物传说

人物传说是关于著名人物的民间故事。

杰出的帝王将相是民间传说的主要对象之一，从秦始皇、汉高祖刘邦，到唐太宗、武则天、成吉思汗、康熙、慈禧、光绪等，有些人物因为特殊的政治事迹而让人们记住；民族英雄岳飞、杨家将、戚继光等的故事流传，表达了人民对其功绩的感谢；清官包拯、海瑞、诸葛亮等的故事，是人民对清廉政治的一种呼唤。

农民起义领袖的传说可以视为社会震荡的结果，陈胜、吴广、方腊、宋江、李自成、洪秀全，他们有反抗腐败暴政淋漓痛快的一面，同时也具有强大的破坏力，杭州《留下十八家》的传说就反映了黄巢起义残暴的一面，据称黄巢造反，杀人八百万，杀到杭州，只剩十八家没有被杀，于是有了“留下”这一个地名存在至今。

民间各行业杰出人物的传说既表达了人民对他们的歌颂和敬仰，也在故事的讲述中蕴含了行业知识的传递，华佗用砒霜治病的传说，告诉听者以毒攻毒的医学原理；刘三姐的传说中有“一唱阳春，一唱白雪”的对歌的方法；苏东坡妹妹苏小妹的传说中，有文人精妙的诗句和工整的对子；瞎子阿炳的传说中既有对他对抗日伪、对抗国民党统治的刚强品质的欣赏，也有对其美妙音乐的惊叹。

民间人物传说中还有一部分人仙传说，表达了人们的反抗意识和自由愿望。如白蛇传说，突破人妖界限，赋予蛇妖以人的真挚爱情；牛郎织女的传说，牛郎用偷去织女衣服的方式，让天上的仙女下嫁凡尘，并与其生儿育女。这些传说都体现了人民突破阶层限制的强烈愿望。

图 10.3 牛郎织女

（2）史事传说

史事传说以历史事件为中心，是从各侧面反映重大历史事件的起因、进程、高潮、结果等的传说故事，如三国传说、抗清的传说、义和团的传说等。

史事传说中的历史事件必然有事件的承担人物，有些传说的中心人物不突出，呈现人物为事件服务的状态。如河北旧城的传说，更细致地讲述旧城义和团的成立，与洋教的斗争，以及洋鬼子到来时绅士们和鬼子的勾结，最后义和团带领人民与洋人打仗并用计战胜了洋人。这些传说虽然有诸多虚构与幻想，主人公也并不突出，却从不同侧面反映了义和团的事迹。

孟姜女的传说是对修筑长城这一历史事件的反映，通过范喜良的逃役，被抓，筑长城，死亡，被埋城下等情节的交代，让我们看见了历代修筑长城给人民带来的苦难，而孟姜女千里寻夫和哭倒长城的壮举，用一种震撼人心的方式，塑造了一个突出的人物形象，加强了传说的艺术感染力，使得孟姜女的故事千古流传，经久不息。

（3）风物传说

风物传说是关于地方自然景物、物产、遗迹、风俗习惯等来历的传说。

各地方都会有自己的风景名胜，一座漂亮的山峰，一泉清澈的潭水，一块奇妙的石头，一个曲折的峡谷，都是人们乐意提及的事物，在对这些事物的描述中添入离奇的故事也是应有之义。于是就有了守望行役在外丈夫的望夫石；有了因怀念舜帝而让竹子溅满斑斑泪痕的斑竹岩；还有因撒尼老母逗引鸡叫而吓住的石头变成的石林，以及杭州灵隐寺的飞来峰，四川都江堰的望娘滩等。

图 10.4 民间故事“望娘滩”的连环画册封面

各地方都有历久沿袭的节日活动和风俗习惯，民间常常会有对这些习俗来源的口头传说，比如傣族泼水节的来历，传说之一认为瘴气的流行曾夺走无数生命，人们听了诸葛亮的倡导，开始水冲凉、住高房，因为有了经常洗澡泼水的习惯就有了泼水节。端午节人们吃粽子、划龙舟，传说是为了让水里的鱼虾不要吃屈原的身体。人们用这些故事解释了节日的来源，同时表达了他们对开明政治人物的怀念。而南京云锦行金边牡丹的故事，通过两夫妇或者两母子救小鹿的故事，告诉人们因为人的善行而有了美丽的花朵，有了云锦业每年谷雨前后到东阳看金边牡丹，七月七上古陵岗看海棠壁，九月九到北极阁看菊花的习俗。金边牡丹的传说还告诉人们织云锦这一行当的技艺：要有好的花样，就要多看好花，多下苦功夫。

三、民间故事：喜闻乐见，娓娓动人

民间故事是以日常生活为题材，以现实中通称的人物为主角，以虚拟情节为内容，表达人民情感或愿望的散文式口头文学创作。民间故事主人公大多没有确定的名姓，常冠以张打鹌鹑、李钓鱼、靓女、疤妹、王婆子、老头子等名称，时间常常是很久以前，地点就说某个村子，或者海的那边等。

生活故事是以劳动人民生活为内容的民间故事，是人民对现实生活的认识和思考，同时也是人民愿望的反映。长工和地主的故事、狼外婆的故事、灰姑娘的故事、螺蛳变美女的故事、巧女的故事、傻女婿与傻儿子的故事等是较典型的民间生活故事。

民间故事里的后娘都是不好的角色，虐待前夫的孩子，而前夫的孩子总是聪明伶俐、善良美丽，在后娘百般刁难下总能躲过劫难获得幸福。《疤妹和靓妹》的故事讲述后娘生的丑女疤妹和前娘生的美女靓妹的斗争，后娘要和疤妹去看戏，靓妹也想去，后娘就给她出很多难题，如让她把芝麻和黄豆分开，靓妹得到亲娘变的黄牛的帮助，完成了任务，后来靓妹因为鞋的原因得到好女婿（如秀才），疤妹又害死靓妹夺了靓妹的女婿，靓妹变化成麻雀、竹子，最后变回人形和疤妹斗争，终于战胜疤妹赢得幸福。像这类灰姑娘被后娘虐待却终获幸福的故事在民间流传很广。

民间故事里的男性青年如果勤恳诚实、品性良善、善待动物，在虎口中救下小鹿，打来一条大鱼或者一个大螺蛳，那么就可能得到一个美女来给他做饭。汉族《白水素女》的故事就是讲少丧父母的谢端，恭谨自守，不履非法，天帝哀怜他，派了白水素女来为他做饭。高山族《螺蛳变人》的故事讲一个穷苦的农民捡回一个大螺蛳，养在水缸里，照看有加，于是螺蛳变成美女每天给他做饭，被农民发现，两人做了恩爱夫妻，后来皇帝抢走美女，农民经历一番斗智斗勇夺回了妻子。类似这样的画像或者动物、植物等变美女做饭的故事在民间层出不穷，真实表达了底层单身男性生活的艰难和对爱情的渴望。

巧女和傻女婿的故事是一种对比的结构，人们把一些生活知识通过巧女的聪明才智来展现，再通过傻女婿不通常理的傻的困境来警醒人们。比如湖南民间故事《巧媳妇》中，公公让三个媳妇回娘家，要她们过三五天、七八天、十五天回来，要求她们在同一天回来并带回三样礼物：红心萝卜、纸包火和没有脚的团鱼。正在三个媳妇疑惑哭泣的时候，巧姑出现解开谜底，三五相乘、七八相加都是十五，所以她们应该都过十五天回去，而红心萝卜就是鸡蛋，纸包火就是灯笼，没脚的团鱼就是豆腐。可以说巧女的故事是通过叙述的延续，让人们思考，延缓了谜底解开时间的谜语型故事，人们通过巧女的形象很容易就记住了那些生活谜语和巧智。《借布机》里的傻女婿，把庙里的罗汉看成人，就把布放在罗汉身上以为是卖给他了，后来媳妇叫他去找布，他在路上看见办丧事的，以为人家用他的布做了衣服，就去抢，被人打一顿，媳妇告诉他应该哭，于是下一次看见人家做喜事他就跑去哭，又被打一顿，媳妇说他应该笑，有一天看见人家着火，他就在旁边大笑，再被打一顿，媳妇说他应该浇水，过几天看见人打铁，他就去泼水，还是被打一顿，媳妇说他应该去打两锤，又过几天他看见两个人在打架，他也去打两锤，打架的人合起手来打了他一顿，媳妇说他应该隔在中间，后来看见两头牛打架，他跑到中间去，被牛冲破了肚皮。因为分不清喜事丧事就乱说话会挨打；弄不清人打架和牲口打架的不同处理方法，引来的不仅是一顿暴打，还可能是一种可怕的危险。这些事情都是民间生活中重要的常识，不同的情况有不同的处理方式，傻女婿的故事通过傻子的傻，教导听者远离教条走向智慧。

第三节　笑话、歌谣与熟语

一、笑话：街巷俚俗，幽默风趣

民间笑话是通过讽刺和调侃给人带来快乐的民间故事。在讽刺中传达劝诫，在调侃中表达评判，在笑声中使人获得心理的平衡与满足，是民间笑话的功能。中国民间笑话的产生由来已久，从先秦时的寓言式笑话到明清时代各种《笑林》《笑府》《笑林广记》层出不穷，其活跃的生命力延续至今。

讽刺笑话是底层人民向统治者中的贪官污吏、伪道学者等进行抗争的武器。

属　牛

一官府生辰，吏曹闻其属鼠，醵黄金铸一鼠为寿。官喜曰：“汝知奶奶生辰亦在日下乎？奶奶是属牛的。”

——（明）冯梦龙辑《广笑府》

这一则笑话简短平实，道出的却是千古历史的真实：吏曹想尽巧妙办法行贿巴结官府，官府的贪婪是个令人心惊的无底洞。

僧与雀

鹞子追雀，雀投入一僧袖中，僧以手搦定曰：“阿弥陀佛，我今日吃一块肉。”雀闭目不动，僧只说死矣，张开手时，雀即飞去。僧曰：“阿弥陀佛，我放生了你罢。”

——（明）赵南星撰《笑赞》

佛教在中国流传上千年，拥有辉煌的思想、博大的情怀，在其发展后期，不免吸引一些假僧人真俗人的人物参与，上面这则笑话就是讲他们有利益、有肉吃就贪，没利益、没肉可吃时就以慈悲等仁义之辞装饰自己的假道学面目。

《一钱莫救》的故事讲述一个吝啬鬼因想节约渡钱淹到河里，他的儿子找人谈价钱救他，他在水里还叮嘱儿子："我儿我儿，五分便救，一钱莫救。"《懒妇》的故事讲一衣来伸手、饭来张口的妇人，丈夫出远门，就烙一大饼套在妇人脖子上，丈夫回来发现妇人还是饿死了，因为她只吃近口的大饼，远处的就没有动。像这样的吝啬鬼和懒人的故事很多，流传也很广，通过对算计到要钱不要命者和不劳动者的嘲笑给予听者许多真智慧。

二、歌谣：人间百态，我歌且谣

民间歌谣是民间口头创作的短篇韵文作品，是人民通过有节奏的音乐性口头语言对其现实生活、思想感情和心理愿望的反映。"歌"与"谣"有时有区分，歌指可以歌唱者，谣一般不唱，主要以朗诵的方式存在；"歌"与"谣"有时候也相通，统称之为民间歌谣或者民歌。而作为民间文学的一个组成部分，民间歌谣主要是从语言艺术的角度进行阐释的。

民间歌谣一般句式较整齐，也可以自由变化，有时候句句押韵，有时候押一、二、四句，有时候隔句押韵，总会注意韵律节奏问题，拥有极强的音乐性。而事实上韵律本身也是民间歌谣生命力的体现，乐感越强流传的可能越大，人们不一定要说出所以然，他们只说好听或者不好听，而在他们的传唱中自然就做出了选择，优者生劣者汰。如湖南民歌："唱得好来唱得乖，唱得莲花朵朵开，唱得青山团团转，唱得小妹挨拢来。"四句歌谣句式一致，有重复，有叠音，一三、二四押韵，显得既整齐又有变化，这就是音乐节奏把握很好的民歌。而像这样音韵优美的歌谣在民歌中其实俯拾皆是。再如江苏歌谣中的《新房祝歌》："一进新房，灯烛辉煌，金银满地，儿孙满堂。"十六个字，朗朗上口，交代事情清楚，进到新房里，光彩的灯烛照耀，喜气洋洋，金银满地和儿孙满堂概括了人民生活中最主要的追求。可以说，民间歌谣是一种简练而富于乐感的文学形式。

民间文学是人民情感的表达，而民间歌谣表达人民情感尤甚。民间歌谣的产生常在辽阔的原野、苍茫的高原、空幽的山谷，面对大自然，人们唱出自己最想唱的歌谣，无需考虑社会、讨好他人，因此民歌是劳动人民最直接最野性的情感抒发。如苗族民歌："哥一声来妹一声，好比先生教学生；先生教学还有本，山歌无本句句真。"甘肃的东乡族歌谣："花儿本是心上话，不唱是由不得自家；刀刀拿来头割下，不死了还这个唱法。”这些歌谣都道出了民歌源自本性、发自真情的事实，是它不由自己只由心的情感性的真实写照。民歌创作者多为底层劳动人民，每日劳动生产，与自然亲近，心理上常常呈现“山高皇帝远”的野性状态。于是，陕南《茅山歌》：“山歌子来八个头，阎王见我就忧愁，孔夫子见我就下马，皇帝见我就低头！”广西《柳州宜山山歌》：“天上大星管小星，柳州提督管千兵；皇帝管得大官动，谁个管得唱歌人！”这样阎王发愁、皇帝低头、天不怕地不怕的山歌是民间歌谣的一大特色，那一份自由奔放、放纵不羁是基层人民生活一种本性的体现。

艺术本身是一种形象思维方式，将抽象的思想感情用鲜明的感性形象表达，可以使呆板的变为活泼，枯燥变为有味，深奥变为浅显，平淡变为神奇。在民间歌谣里，形象的比喻是使诗与歌呈现异彩的一种普遍方式。比喻的素材都是生活中常见的事物景象，如：“麻雀虽少也是肉，东西虽少一片心。”麻雀是民间最普通常见的一种鸟儿，用它来作比喻既形象生动又易于理解。再如对爱情锲而不舍精神的比喻：“采花不怕悬崖陡，撑船不怕大浪花，蚂蟥叮着鹭鸶脚，死也不放下。”悬崖、浪花、蚂蟥都是生活中常见的事物，用它们作的形象之比自然能让人民喜闻乐见、心领神会。民歌中的比喻有时会用“犹如”“仿佛”“赛如”“好比”之类的词语连接喻示，如：“小妹妹穿得半身身花，好比花蝴蝶落在哥哥家。”“想哥哥想得泪蛋蛋抛，好比九秋十月树叶叶落。”有时本体和喻体之间用“是”就连接了，或者干脆就连“是”都没有而进行直接的陈述。如白族民歌：“妹是山上一枝花，百里以外喷鼻香。” 清代李调元辑《粤风》：“妹相思，妹有真心弟也知；蜘蛛结网三江口，水推不断是真丝。”这里蛛网所象征的相思之心既是一种形象的比喻，又谐了相思之音，可谓比喻恰当又含义深刻。

民间歌谣根据内容、使用场合和对象的不同可以分为以下几类：

（1）劳动歌

劳动歌是以生产劳动为内容，并伴随劳动过程而进行唱和的歌谣，有强烈的节奏，能促进劳动生产效率是它主要的特点，其中的劳动号子最具有代表性，如搬运号子、打夯号子、伐木号子、划船号子等。

劳动号子有指挥劳动步调一致的作用，多为一唱多和，人们在整齐的节奏中边应和歌唱边劳动，能够焕发出雄健强壮的力量来。如下面的《抬木歌》，由一或两人领唱，到“噢哟”处众人合唱。在合唱的同时，大家一齐将木头向前抬一步，句句都是如此反复，歌词十分简单，领唱部分稍有变化，合唱部分就只有“噢哟”两个字。在一片有力的号子声中，统一的力量随之精进。

抬木歌

领	木头大 众	嗅哟！	领	这根大 众	嗅哟！
	大得很	嗅哟！		来去快	嗅哟！
	抬木好似			运下去	嗅哟！
	虫转动	嗅哟！		盖大房	嗅哟！

——贵州台江交下地区《苗族民歌》(1959年)

还有一种劳动歌，是在插秧、除草、采桑等时候唱，也常伴以群歌唱和，有时专请锣鼓师在一旁歌唱或者领唱。这种劳动歌并不特别强调动作的一致性，主要起着田间劳动的组织者、鼓舞者、领导者的作用，提高生产效率，同时，人们还有一些迷信的观念，认为在地里干活，敲打敲打锣鼓，唱唱歌曲，可以敬山神，祈丰收，驱邪气。这种劳动歌的内容很宽泛，可以是历史故事歌，也可以是生活歌，或者情歌。

（2）时政歌

时政歌是广大民众基于对重大历史事变、风云人物等的认识和态度而创作的歌谣，一般对特定时期时政有尖锐、及时、强烈的反映，是对时事兴衰、历史足迹的反映，是旧时官方采风关注的重点。歌谣内容有“美”有“刺”，有歌颂也有暴露，有对清官良吏的赞颂，而更主要的还是对上层统治者的讽刺。在慈禧太后的万寿大典时就有人唱：“天子万年，百姓花钱。万寿无疆，百姓遭殃。普天同庆，苦了百姓。”（见《梵天庐丛谈》）对民众与统治者的对立关系表述得简洁有力。闯王时期有这样的歌谣流传：“吃他娘，穿他娘，开了大门迎闯王，闯王来时不交粮。”袁世凯时期的歌谣：“五色旗，没有边，袁世凯，坐几天。”这些歌谣都是对历史大事件的精确反映。像“衙门口，向南开，有理没理拿钱来；没钱有理别进来”这类政治歌谣流传尤其广泛，它是历代官府腐败，人民无处获得公平的真实写照。总之，时政歌谣是人民群众意愿和情绪的反映，从中可以观风俗、明得失、知时事等。

（3）生活歌

生活歌是反映人民日常劳动生活和家庭社会生活的歌谣，其中反映妇女生活的养媳妇、寡妇苦等歌谣尤为突出，而光棍歌和后娘虐待子女的歌也是一大特色。旧时婚姻多由媒人介绍，父母做主，由于生活水平的原因，父母多从经济物质利益考虑，造成很多畸形婚配，如《小女婿》：“廿岁大姐十岁郎，夜夜困觉抱上床；说他夫来年太小，说他儿来不喊娘；等到郎大姐已老，等到花开叶又黄。”（余姚《浙江民间歌谣散辑》，1956年）而妇女生活的苦是生活歌倾诉的主要内容：“大月亮，小月亮，哥哥起来做木匠，嫂嫂起来蒸糯饭。公食碗，婆食碗，两个小姑两半碗；留半碗，放灶头，猫偷吃完了。公拿鞭，婆拿鞭，打得媳妇喊皇天！”（《广西的民间文学》，1930 年）这歌谣真实反映了旧社会做媳妇的艰难和不幸。大多数妇女生活于底层，有太多需要倾诉的情感，而无娘的孩子更像无根的野草让人怜爱：“有娘孩儿娘前站，无娘孩儿檐前站；有娘孩儿汤泡饭，无娘孩儿泪泡汤。”（涟水《江苏歌谣集》第四集，1933 年）其他的像骂媒人的歌谣、骂老公的歌谣、抱怨嫂嫂的歌谣等，都是妇女生活突出矛盾的反映，是她们情感的真实流露。

（4）情歌

古往今来，男女之情是人间最生动、最具冲击力和融合力度的一种情感，因此，抒发两性之情的情歌是民间歌谣里数量最多的一种民歌形式，也是情感最丰沛，艺术表现最细腻、精致的民歌形式。

以情感发展为线，情歌可以反映爱情发展的全部过程。各少数民族传统的歌节、歌会中，情歌就是青年男女的媒人，情歌对唱就是他们试探了解、传递心意的最好方式，如布依族的浪哨歌：“上寨的姑娘啊！像岩上的松树；下寨的姑娘呀！像河边的杨柳。岩上的松树啊！哪一棵向我点头？河边的杨柳呀！哪一棵向我招手？”这是小伙儿向姑娘询问，看看谁对自己有心有意。广西桂平民歌：“三月采茶茶叶青，茶枝连着妹衣襟，不是今年才想妹，多年想妹到如今。”这是在向姑娘倾诉衷肠。广东民歌：“久哩唔曾见心肝，一见心肝心就宽；一见心肝心欢喜，唔得心肝粘心肝。”这是在唱恋爱过程中的热情似火。其他如诉相思之苦的情歌、发誓相守的情歌、述棒打鸳鸯哀怨的情歌、抒发怨气的情歌、冷然决绝的情歌等，关于爱情的方方面面，民间情歌都有最丰富细腻的表达。

民歌中的情歌对爱情的表达可谓强烈，十分直截了当，如陕北民歌《山丹丹花开背洼里红》：“抓住胳膊端起手，搬转肩肩亲上一个口。把住情人亲了个嘴，肚子里想起的疙瘩化成了水。”什么语言都是多余的，亲了亲嘴就都化解了，这就是民间的朴实与真理吧。而还有为数不少的“家花不如野花香”的情歌，似乎也是民歌不受伦理约束的自由性的一种突出表现。

（5）仪式歌

仪式歌是民众礼俗活动和祭奠仪式中诵唱的民歌，它伴随着个人成长的重要过程和社会生活的重大事件，寄托了人们的美好愿望。人的出生、周岁、成年、婚嫁、寿庆，以及死亡，都会有特别专属的仪式歌谣以烘托气氛，在这些重大人生仪式中，婚嫁似乎最为热闹喜庆，因此婚嫁歌也最为丰富和自成体系。如川西边区嫁女歌，从开声歌、骂媒人的歌、坐歌堂歌、新娘辞别父母歌到上轿歌，从姑娘未出门的抱怨开始到终于坐上花轿，都有歌谣不断，既有单唱，也有合唱，既表达了姑娘出嫁的复杂心情，也表达了众人的美好祝愿。那些和宗教有关的仪式歌如求雨歌、祭灶神歌等，因为它们的存在与原始思维密切相关，随着社会的发展日益消亡，而与生活密切联系的仪式歌如酒歌，却在生活中时时可见，并且在各少数民族中广泛流传，表达着人们对客人的敬意，联络着人们的感情。

（6）儿歌

儿歌又叫童谣，它是儿童自己创作或者大人模仿儿童心理和歌唱而创作以供儿童唱诵的民间歌谣。这些歌谣最大的一个特点就是简单、重复重叠性很强，如《菊花开》："板凳，板凳，歪歪，菊花，菊花，开开！开几朵？开三朵；爹一朵，娘一朵，剩下那朵给白鸽。"这首歌谣语言方式极其符合幼童的习惯，节奏也简单、清脆，能够吸引小孩的注意力，也让小孩子易于模仿和练习，所以流传很广。同时，在那些童谣中，大人们总不会忘记掺进教育的内容，如"摇摇摇，摇到外婆桥。外婆叫我好宝宝；糖一包，果一包，少吃滋味多，多吃滋味少。"喜欢吃糖是小孩子的天性，在自己喜欢的儿歌里听到的教导却总能让他们心甘情愿地去做个乖小孩，这就是儿歌的魅力。

三、熟语：活泼生动，耐人寻味

民间熟语指普遍流行于人民生产生活中，有着固定形式的词组或句子，它是民间语言中最基本、最常用、最耐人寻味的部分，是民间智慧的结晶，具有生活化、口语化和质朴性的特点，一般包括俗语、谚语、歇后语等。

（1）俗语

民间俗语有广义和狭义之分，广义是指流行于民间的通俗语句，包括谚语、歇后语及格言、惯用语等民间口头语言。狭义的俗语与谚语、歇后语并称，是来自民间定型化的短语。它在内容上意思不完整，在句子中起形容的作用，不能独立成句。此处所讲是指狭义的定义。

俗语是通俗活泼的民间语词，具有最生动形象的特点，如"打肿脸充胖子""势利鬼""这山望着那山高""舌头底下压死人""扯着老虎尾巴抖威风"等俗语表达都十分准确活跃，把表现的事项描述得如在眼前。同时俗语也是民俗生活和民俗文化的反映，如"圣人门前卖孝敬"反映了儒教文化，"哪头炕热往哪头钻"反映了北方生活，"驴肠马肚"反映了畜牧文化，"牵牛要牵牛鼻子""芝麻绿豆官"反映了农耕文化，如此等等。

（2）谚语

谚语是民间集体创造、在当代广为流传、言简意赅、富于哲理和经验教训的格言和俗话。谚语一般句式整齐、音韵和谐，它具有口语性、精练性和艺术性，是民俗生活和民间智慧的生动反映。

民间谚语的内容反映了人民生活的方方面面，如对天象的观察："天河朝南北，热得睡不得，天河朝东西，赶忙做寒衣。"农事的经验："春接海棠夏接桂，秋接插花冬接梅。""多树多林，风调雨顺；少树少林，旱涝欺人。""砍树是吃祖宗饭，栽树是造子孙福。""家有三圈，胜当知县；家有三母，胜当知府。"对家禽的经验："狗认主，猫记家。""狗见捡砖就要躲。""兔子是个怪，一年怀七代。"对行业的了解："诚招天下客，誉从信中来。"对社会的观察和看法："官不贪财，狗不吃屎。""人敬富的，狗咬破的。"对婚俗观念的反映："嫁鸡随鸡，嫁狗随狗，嫁个门板背着走。""女大一，不是妻；女大三，抱金砖。"对生活经验的总结："人怕伤心，树怕伤皮。""马前不磕头，马后乱作揖。""宁撞金钟一下，不擂破鼓千捶。""片云遮日，一叶障目。"这些民谚既生动活泼又富有智慧，是民间口语的精华，对它们的熟悉体会，既可以增进我们的知识，也可以升华我们的口语表达能力。

（3）歇后语

歇后语是中国独有的一种民间语言形式，它分为两个部分，前面一部分是一种比喻，像谜面，后一部分是对前一部分的解释和说明，像谜底，在现实中通常两部分都说出来，有时只说前一部分，所谓"歇后"，就是将后一部分隐去的意思，让听者自己去猜测和领会本意，以达到一种含蓄幽默的效果。

歇后语反映着民俗生活的各个方面，如"二八的天气——忽冷忽热""二八的衣服——形象色色""二八的庄稼——青黄不接"是对节令气候的反映；如"千里搭长棚——没有不散的宴席"是对人生常态的反映；"白骨精说人话——妖言惑众""八仙聚会——神聊""孔明夸诸葛——自夸""孔明会李逵——有敢想的，有敢干的""诸葛亮的丑妻——家中宝"等是对民间传说故事的反映；"放了血的猪——趴下了""桌子底下放风筝——再高也有限""箭在弦上——不得不发""中秋节赏桂花——花好月圆""锅边上的小米——熬出来的"等是对民间日常生活的反映。讽刺、夸张的寓意是歇后语较突出的一大特色，比如"抵门杠作牙签——大材小用""戴着斗笠亲嘴——差了一帽子""矮子放屁——低声下气""飞机尾巴——翘得高"等歇后语都十分幽默而又生动形象。现代流行的网络歇后语也是歇后语的一大发展，如"放屁砸坑——造窑（谣）""有大哥有二哥——你算老几"等歇后语，既表达生动，又为网络文化平添一道别样的风采。

思考题：

1. 简述民间文学的特点。

2. 简述神话、传说与民间故事的区别。

扩展书目

[1] 钟敬文. 民俗学概论. 上海：上海文艺出版社，1998.
[2] 乌丙安. 民间文学概论. 沈阳：春风文艺出版社，1980.
[3] 苑利. 二十世纪中国民俗学经典：神话卷. 北京：社会科学文献出版社，2002.